# Novas Colônias Espirituais

Luiz Sérgio

Psicografado por Elsa Candida Ferreira

# Novas Colônias Espirituais

MADRAS® Espírita

*Editor:*
Wagner Veneziani Costa

*Produção e Capa:*
Equipe Técnica Madras

*Revisão:*
Margarida Ap. Gouvêa de Santana
Arlete Genari

---

**Dados Internacionais de Catalogação na Publicação (CIP)**
**(Câmara Brasileira do Livro, SP, Brasil)**

Sérgio, Luiz (Espírito).
Novas colônias espirituais/Luiz Sérgio; psicografado por Elsa Candida Ferreira.
- São Paulo: Madras, 2015.

ISBN 978-85-370-0973-4

1. Espiritismo 2. Psicografia 3. Reencarnação
4. Vida eterna I. Ferreira, Elsa Candida.
II. Título.

15-05478 CDD-133.9013

Índices para catálogo sistemático:
1. Colônias espirituais: Vida após a morte:
Espiritismo 133.9013

---



**MADRAS EDITORA LTDA.**
Rua Paulo Gonçalves, 88 — Santana
CEP: 02403-020 — São Paulo/SP
Caixa Postal: 12183 — CEP: 02013-970
Tel.: (11) 2281-5555 — Fax: (11) 2959-3090
**www.madras.com.br**

# Índice

# Alegria Renovada

É com o coração envolto em suave alegria, com o sentimento do dever cumprido em equipe, que apresentamos mais uma obra de cunho cristão-espírita coordenada pela experiência e dedicação do companheiro Luiz Sérgio que, há décadas, milita ao nosso lado na seara de Jesus.

Descrever algumas colônias espirituais que circundam o orbe terreno e servem de abrigo aos espíritos que desencarnam neste tempo de maiores conflitos e agressões é um projeto que a Espiritualidade abraçou com carinho e determinação. Trata-se de um processo de colonização de regiões próximas à crosta do planeta, abrindo espaços habitáveis para abrigar os filhos de Deus tão logo se despojem do corpo denso e passem por um processo purificador do corpo espiritual, quando necessário. Irmãos que tenham mantido vínculo com determinadas colônias são encaminhados para elas onde darão prosseguimento à evolução em território conhecido, que abriguem familiares e amigos. Outros que serão acomodados pela primeira vez receberão o conforto necessário para que continuem evoluindo sem sofrer solução de continuidade, sob orientação de Entidades responsáveis e caridosas.

É mais uma frente de trabalho que vemos se abrir no vasto mundo espiritual, tão rico de oportunidades para os que queiram investir tempo e inteligência na seara do Mestre, seara que mais se amplia quanto mais as orientações evangélicas se fizerem ouvidas e obedecidas.

Entendemos que nem tudo será dito nesta obra de grande alcance, pois a verdade terá sempre que ser dosada antes de ser colocada à disposição da maioria, para que o excesso de iluminação não provoque cegueira em alguns, tampouco fomente questionamentos perturbadores no meio espírita.

Se a população de encarnados aumentou significativamente nos últimos decênios, evidentemente que as moradas paternas também tenham que se adequar em número e condições para abrigá-los no momento do retorno, em que darão prosseguimento à aquisição de conhecimentos e treino da moralidade.

O Espiritismo, doutrina evolucionista, também adequou as revelações à capacidade de compreensão e entendimento da população terrena. De olhos mais abertos, com a mente mais esclarecida, o que se espera é um comportamento mais adequado aos moldes cristãos para que, no futuro, possamos ver duplicado ou mesmo triplicado o número de Novas Colônias Espirituais construídas no entorno terreno para abrigar os filhos de Deus mais conscientes, mais responsáveis e, por consequência, mais felizes.

Que o Mestre Jesus abençoe nossos esforços e nos agracie com mais empreendimentos espirituais, de forma que possamos aprimorar nossa inteligência e fazer brilhar nossa veste espiritual neste advento de regeneração.

*Irmão José*

São Bernardo do Campo, 18/9/2013

# Novas Colônias Espirituais

É setembro, mês primaveril. Nossa cidade está mais linda do que sempre esteve, com flores em todos os tons e matizes e um perfume embriagador no ar. Observo a linda paisagem enquanto espero por João Paulo, que de vez em quando passa em comitiva por aqui, de onde descemos e nos embrenhamos por regiões densamente povoadas, que não demonstram o requinte da construção que se observa em regiões superiores.

Não estamos à procura de bairros nobres, mas de almas para evangelizar. Para falar da Boa-Nova usamos de especial metodologia: antecipamo-nos e oferecemos nossos préstimos como construtores de uma nova ordem social, contando sempre com a experiência do notável cristão que se notabilizou pela solução dos mais intrincados problemas sociais no mundo em que viveu.

Bem alimentados e esperançosos de uma nova condição de vida, os moradores de regiões empobrecidas do mundo espiritual passam a entender que Deus é um Pai benevolente, rico e pródigo, que não deseja ver a miséria estabelecida no meio dos filhos que buscam o pão, a moradia e o agasalho, desde que se disponham ao trabalho digno e ao domínio das emoções.

Estamos passando por um verdadeiro processo de colonização de regiões próximas à crosta do planeta, abrindo espaços habitáveis para abrigar os filhos de Deus tão logo se despojem do corpo denso e passem por um processo purificador do corpo espiritual, quando necessário. Irmãos que tenham mantido vínculo com determinadas colônias são encaminhados para lá, onde darão prosseguimento à evolução em território conhecido, que abriguem familiares e amigos.

Para novos moradores desbravamos territórios despovoados, ampliamos pequenos vilarejos, aperfeiçoamos o ambiente para acomodar os espíritos à medida que adquiram consciência do novo estado e ajam com boa disposição de ânimo.

De minha parte, desde há muito tenho sido preparado para esta nova fase de atividade, razão por que fizemos algum intervalo para nova proposta literária, para voltar com força total, imbuído de muito ânimo e com a costumeira empolgação.

Como guia e reforço nas atividades que relataremos, contamos com novos amigos, todos muito experientes, a quem recorreremos sempre que a situação exigir conhecimentos que ainda nos faltem.

Ao nosso lado permanecerão os mentores de sempre que ao menos por intermédio do fio condutor do pensamento registrarão sua presença.

No topo dessa maravilhosa pirâmide encontra-se o mestre Jesus, a quem rendemos permanente preito de veneração, agradecidos pelos cuidados e direcionamentos nos momentos singularmente difíceis por que transita a humanidade terrena.

Nossos corações estão firmemente ligados ao do Mestre nazareno, a quem renovamos os votos de fidelidade, conscientes de nada retirar ou acrescentar aos seus sublimes ensinamentos. A Ele, honra e glória para todo o sempre!

*Luiz Sérgio*
24/9/2012

# 1.

# Em Companhia de um Novo Amigo

É certo que nunca trabalhamos sozinhos, pois a obra de Deus carece do empenho de numerosos obreiros de boa vontade. No passado formamos um grupo entusiasta e jovial que se autodenominava *os raiozinhos de sol.* Aprendemos muito naquela época sob a orientação de mentores exigentes, e a disciplina era um ponto forte em nossas atividades.

O tempo passou, seguimos o caminho que a vontade divina nos inspirou, cada um de nós com seu apelo pessoal. O Mestre é o mesmo, mas as atividades se diversificaram, cumprindo o pensamento de Jesus de que a seara é muito grande e sempre necessita de tarefeiros.

O aprofundamento feito por nós na Doutrina Cristã sob a óptica do Espiritismo constituiu um alicerce sólido para as atuais realizações, que foram acentuadas quando da volta do missionário de Jesus que estivera encarnado como líder de uma parcela do povo de Deus dentro da Igreja Romana.

Houve um planejamento anterior que sinalizava o retorno do papa João Paulo II ao mundo espiritual no ano de 2005, 85 anos após ter chegado ao mundo terreno com uma agenda enorme a cumprir não somente no campo religioso, mas também na esfera social, na qual atuaria em nome de Jesus com propostas e realizações de paz.

A exemplo do apóstolo Paulo, o papa João Paulo percorreu os caminhos do mundo empunhando o Evangelho e a cruz do Cristo, em nome do qual distribuiu bênçãos e orientações. Tão logo se viu desenfaixado do corpo denso, o missionário da paz recobrou a memória dos compromissos firmados anteriormente e, sem reivindicar um tempo para o merecido descanso, retomou o bastão episcopal, reuniu-se aos companheiros e deu sequência aos projetos que estavam em bom andamento.

Todos os trabalhos, todas as propostas de evangelização e de abertura para o mundo seriam enfeixados em um único e maravilhoso projeto intitulado *A Paternidade Divina.* Reafirmam os mentores maiores (aqueles que recebem do Alto as mais significativas referências sobre o trabalho apostólico), que é passado o tempo de fazer proselitismo, que há excesso de crenças religiosas que deveriam ser caminhos condutores a Deus e fecharam-se em si mesmas, em seus objetivos próprios carregados de personalismos. Deus, que deveria ser a figura central, o foco luminoso que tudo atraísse para Si, tornou-se um apêndice secundário na maioria das religiões, ricas de rituais e pobres de sentimentos.

Nossos leitores poderão mais uma vez questionar senão a mudança de nosso estilo literário que permanece inalterado, mas o objeto das histórias que trazemos sobre as dimensões espirituais visitadas em companhia das forças construtivas do bem. É verdade. Realizamos um novo tipo de trabalho na companhia de antigos e novos amigos, trabalho maravilhoso que visa a conscientizar as almas de sua destinação eterna.

O amigo João Paulo é um dos baluartes dessa nova tarefa, preparado que foi por uma vida de sacrifício e iluminação. Como pastor da Igreja Romana demonstrou ao mundo a retidão de suas intenções e o propósito de congregar os filhos de Deus sob a bandeira do amor fraterno, proposta que Jesus idealizou quando de sua permanência entre nós. Em pouquíssimo tempo no mundo espiritual, João Paulo relembrou a proposta de trabalhar no campo do Espiritismo e colocou mãos à obra, de forma metódica e disciplinada.

Apresentar esse novo amigo é tarefa grata ao coração; enumerar suas qualidades não é tão fácil porque são numerosas e sabemos que as almas verdadeiramente luminosas arrefecem o próprio brilho para não entrar em evidência.

A postos, como sempre, contamos com o suporte inestimável do Irmão José, trabalhador da primeira hora do Cristianismo.

Uma falange numerosa trabalha no anonimato para enquadrar o plano terreno e adjacências espirituais à realidade que nos aguarda no limiar da regeneração.

Haverá muito trabalho a realizar e muitas conquistas a serem efetuadas. Enquanto o plano terreno se aprimora em avanço científico e tecnológico, o mundo espiritual circunvizinho terá aprimorado o hábitat dos espíritos que chegarão como novos moradores, preparados para estender o reino de Deus de forma mais aprimorada, estabelecendo-se notável círculo virtuoso. Um maior desenvolvimento na esfera material repercutirá nas regiões espirituais vizinhas e vice-versa.

Em futuro médio os habitantes terrenos chegarão de esferas melhoradas em inteligência e moralidade, aptos a darem continuidade ao processo de evolução em um clima regenerativo, posto que os elementos recalcitrantes empedernidos no mal, que por enquanto não entenderam os apelos positivos da filiação divina, estarão afastados e acomodados em territórios adequados ao seu momento evolutivo.

Pedimos ao mentor Irmão José que clareasse e estendesse um pouco mais o raciocínio neste tema. Com sua habitual solicitude ele aquiesceu e se colocou à disposição para esclarecer e orientar:

– Como estamos dispostos a esclarecer, Luiz Sérgio, o plano físico não pode regenerar-se sozinho, alheio ao que ocorre no mundo espiritual.

– As mais altas esferas espirituais ficarão isentas de mudanças, podemos entender assim?

– De uma maneira mais acentuada, Luiz Sérgio, as mudanças ocorrerão nas esferas física e vizinhas. São regiões que se entrelaçam, o que ocorre em uma repercute nas outras. Os "inquilinos" terrenos, mudando de orientação, promovem alterações de vulto nas regiões adjacentes que precisam estar mais bem aparelhadas para organizar o seu dia a dia.

– Até há bem pouco tempo o que se entendia sobre a vida no Além estimava que o mundo espiritual fosse um bloco mais ou menos coeso, não é assim? – questionei o amável mentor, ensejando que as explicações fossem ampliadas.

– Foi e continua sendo missão do Espiritismo alargar esse horizonte para o homem encarnado. As religiões vigentes não tiveram alcance para desvendar a realidade espiritual. Jesus esperou 19 séculos para cumprir sua promessa, não por incompetência, mas porque aguardava nossa maturidade. Hoje a humanidade pode ser esclarecida sobre a existência de numerosas colônias e de outras mais que estão sendo construídas de acordo com a necessidade.

– Irmão José, percebemos que alguns cristãos e até cristãos-espíritas cultivam uma ideia equivocada quanto ao poder de assistência dos bons espíritos. O irmão pode fornecer outros esclarecimentos?

– Subsiste no meio religioso terreno, em algumas religiões, a ideia do maravilhoso, do miraculoso e parece que ao nos referirmos que o sobrenatural não existe e que tudo é natural no mundo criado por Deus estamos faltando com a fé. Não é assim. Deus, pai e criador, estabeleceu leis naturais sapientíssimas; precisamos descobri-las para colocá-las em andamento. Ora, quanto mais o espírito evolui, mais ele desvenda as leis naturais e, com a bondade no coração, torna-se excelente auxiliar dos irmãos mais novos na hora da dor. Sintetizemos assim: os bons espíritos têm o conhecimento e auxiliam porque têm amor pelo próximo, como recomendou o Mestre. Como vemos, não há milagres, tudo é possível de ser explicado!

– Os espíritos então apenas conhecem o que sabem e sabem porque estudaram, podemos dizer assim?

– Correto. Você mesmo, desde que desencarnou quantos cursos já fez? Quanto aprendizado adquiriu? É certo que trazia em si, de anteriores existências, uma bagagem considerável, que precisaria ser aprimorada para neste momento ser colocada em prática. Em algum momento você intuiu sobre o futuro que o aguardava?

– Como qualquer pessoa que se vê agraciada por inúmeras oportunidades eu me sentia responsável pelas atenções recebidas, atribuídas à minha extrema curiosidade e sede de aprendizado. Somente nos últimos anos, quando a situação se revelou, foi jogada alguma luz sobre fatos da minha vida pregressa. Agradeço a Deus a extrema generosidade e me proponho a servir na seara do Mestre com responsabilidade e alegria.

*

Felizmente não me distanciei de meus objetivos, identificando sempre a mão condutora de Deus nas pequenas ocorrências de minha vida. Todas as pessoas podem ser conduzidas por seus guias e protetores, desde que sejam dóceis ao chamamento interior. Não há protecionismo por parte da Espiritualidade; todos os filhos têm o mesmo direito ao encaminhamento espiritual. Os desvios acontecem quando o espírito se torna distraído e encantado com outros atrativos. Jesus alertou que a porta larga seria mais atraente, mas advertimos que bem menos felicitadora.

Ao lado do Bem nada nos falta porque nossos desejos se restringem aos interesses espirituais. Ao compreender a finalidade da vida humana e a excelsitude do destino eterno do espírito perdemos qualquer interesse pelo bem-estar passageiro que a vida terrena possa proporcionar.

Isso aconteceu comigo ao desencarnar na juventude e chegar ao mundo espiritual desprovido de maiores experiências terrenas. Só me pesava ter deixado a família, os amigos e a faculdade por terminar. Os primeiros tempos foram dedicados ao reencontro através das mensagens, situação que me lançou ao estudo da mediunidade, única forma de dizer aos que ficaram no plano físico que eu estava bem, embora saudoso. Em seguida vieram os numerosos cursos, coordenados e administrados por mentores da maior competência.

Eu me deliciava com as novidades, enquanto aprendia e repassava o aprendizado para as médiuns que generosamente me serviram de intérprete. Nem tudo pôde ser contado, pois faltavam palavras que expressassem o novo conhecimento. Sempre fui grato ao esforço das medianeiras para captar o pensamento de um espírito em constante mutação, pois o aprendizado no mundo espiritual nos confere o dom da mudança interior, situação que por vezes dificultava a identificação pela família, ciosa com a veracidade das mensagens recebidas.

Irmão José, nosso querido mentor, acompanhou de perto esse processo de mudança e apostou no pupilo, na esperança de agora estarmos unidos a essa falange, neste momento especial em que o projeto *A Paternidade Divina* ganha força e se expande no meio espiritual com repercussões no meio físico.

Uma onda renovadora de tolerância e compreensão se espraia entre os religiosos. Ainda não é perfeita, mas poderá ser perceptível ao olhar atento. Católicos, espíritas, evangélicos, judeus, muçulmanos e outros adotam atitudes mais indulgentes com as diferenças, reconhecem a unicidade de Deus e, na pátria do Evangelho (nossa pátria), respira-se um ar mais respeitoso de liberdade religiosa. Como isso está acontecendo ainda é o irmão José que no-lo explica:

– A propagação dessa ideia não é trabalho de poucos meses ou poucos anos. A semente vem sendo lançada há várias décadas, quando o silenciar das bombas favoreceu o entendimento, pelo homem, dos benefícios trazidos pela paz. Estavam encarnados centenas de homens de bem, preparados no mundo espiritual para desempenhar o papel de pacificadores. Eram as âncoras lançadas pela Espiritualidade Maior nos diversos setores do progresso humano, a começar pela mudança do comportamento, espalhando-se pelas esferas da ciência e da tecnologia, promovendo o impulso desenvolvimentista que eclodiu na segunda metade do século XX.

Aproveitando a oportunidade que o mentor oferecia, perguntei por que o comportamento humano tornou-se tão agressivo desse período em diante, de forma que nos dias atuais o homem terreno sente-se sufocar pelo medo e insegurança. Com a costumeira fleuma irmão José respondeu:

– Penso tratar-se da luta milenar entre a luz e a escuridão, entre as forças do bem e aquelas que ainda se prendem aos anseios de domínio sobre a Terra. Trata-se, meu filho, de feroz reação, mas a aparência de força e poder é capaz de enganar. Forte, somente Deus! Desses embates podem ser colhidos alguns frutos especialíssimos: os bons se tornam pessoas melhores, mais firmes na fé e conscientes das situações em que devem se posicionar com mais firmeza. Os governantes terrenos, em sua área de ação, são forçados a reformular algumas atitudes, pressionados por pessoas de maior consciência. Os líderes religiosos estão se unindo no combate ao mal, entendendo que o mal não está na pessoa temente a Deus. O padrão espiritual da humanidade está melhorando, por incrível que possa parecer, mas ainda existem bolsões de ignorância e miséria, necessitando de uma forte ação educativa para serem superados.

Agradeci, com alegria, as explicações tão pertinentes que nosso mentor nos fazia com clareza todas as vezes que era solicitado. Na sequência de minhas atividades diárias, tomei o rascunho para dar forma a uma história comovente que queria contar para os leitores.

# 2.

# Lucélia

Lucélia, uma moradora do sertão nordestino, sempre lutou por melhorias no padrão de vida de sua gente. Seus desejos eram os mais simples: energia elétrica para o bairro inteiro, água encanada para todos, coleta de esgoto, ruas asfaltadas, escolas e praças bem cuidadas...

Em seu leito, às vésperas de desencarnar, tendo ultrapassado os 70 anos de idade ela lamentava não ter visto se concretizar todos os melhoramentos de seus sonhos. Em suas orações finais, que assistíamos enquanto ela recebia os últimos sacramentos católicos, podíamos captar o apelo mental da moribunda: "Deus, meu pai de bondade, trazei a vossa graça a este local que mais parece ter sido abandonado por vós. Eu, porém, sei que um Pai não abandona os filhos de maneira alguma; talvez não tivéssemos merecido os favores divinos".

Enquanto grossas lágrimas caíam-lhe dos olhos em um derradeiro adeus aqui na Terra, nós vimos muito felizes os olhos espirituais dessa irmã batalhadora se abrirem extasiados para um mundo melhor.

Ao meu lado, em um gesto de proteção paternal, encontrava-se o irmão João Paulo junto de um médico conhecido no meio espírita. Lucélia era uma irmã muito querida da Espiritualidade pelo esforço que fez em vida pela melhoria do ambiente terreno, inspirando os líderes políticos ao exercício mais consciente de seus deveres. De sua parte, nunca se eximiu de empunhar uma vassoura quando se tratava de higienizar os ambientes destinados à assistência infantil.

"Criança sem creche e sem escola é inadmissível em um país tão grande e populoso como o nosso" – dizia aos governantes da municipalidade enquanto aguardava a disponibilidade das verbas estaduais ou federais. "Não importa de onde vêm os recursos, mas é necessário que venham em tempo hábil".

Enriquecendo o grupo de orientadores espirituais da comunidade destacava-se a figura carismática de João Paulo, com largo conhecimento do campo administrativo de algumas regiões do globo. Convém lembrar que a atuante ação apostólica da Santa Sé concedeu-lhe vasta experiência no trato com políticos bons e maus, que ele conheceu por quase 30 anos enquanto exerceu a função de bispo de Roma.

Quando Lucélia se posicionou em uma das colônias espirituais, perguntou às autoridades o que poderia fazer para continuar servindo ao Senhor e a resposta que recebeu de seu guia espiritual causou-lhe grande surpresa:

– Amiga, você poderá se integrar ao grupo que trabalha para melhorar a condição de vida de alguns ambientes espirituais que estão tendo o seu desenvolvimento nesta época.

– Será que entendi bem, irmão Grimoaldo? Melhorar as condições de agrupamentos espirituais? Eles não estão solidamente construídos e aprimorados?

– Ah, minha Lucélia, o que você fez na Terra nas últimas décadas, seu esforço para melhorar o ambiente dos homens terrenos, preparou-a para a continuidade deste outro lado da vida, para que não ocorra aqui a multiplicação de comunidades desorganizadas com o aumento dos moradores.

– Aumento de população? Esses irmãos que estão chegando não partiram de colônias preexistentes? Eles não estão simplesmente retornando para os lares antigos?

– Graças a Deus não é assim – explicou Grimoaldo, um membro atuante em nossa equipe. Por sua maior afinidade com a recém-desencarnada ele foi incumbido dessa parte da conversa. – Você ficou atenta ao aumento da população terrena nas últimas décadas? Não pense que todos os espíritos que reencarnaram após a Segunda Guerra vieram de colônias organizadas e deixaram raízes no mundo espiritual! Muitos vieram de regiões inferiores; antes de reencarnar, receberam rápida preparação em clínicas transitórias. Se não se comprometeram moralmente, para onde voltarão ao desencarnar? Como orienta o Irmão José, o melhor para eles é aderir aos grupos mais homogêneos em colônias que atendam às suas peculiaridades culturais também!

– Nunca atinaria com tal realidade se o senhor não estivesse a me contar! As religiões ainda falam em paraíso e purgatório, mas não se preocupam em explicar onde e como vivem os espíritos desencarnados, irmão Grimoaldo. O senhor mesmo, sendo antigo sacerdote, nada falou sobre esse assunto.

– Nem poderia, minha irmã. As visões noturnas que me aconteciam deixavam-me confuso; não conseguiria dar maiores explicações aos fiéis, por isso restringi-me a falar de Deus e do amor ao próximo, com a esperança de obter maior entendimento quando viesse para o lado de cá!

– Acho que estou entendendo – ponderou Lucélia. – Se falasse antecipadamente, ninguém entenderia. Afinal um fruto não pode ser colhido antes do tempo!

O entendimento de Lucélia aos poucos se abriu para a realidade que a esperava ao transpor o limiar do mundo dos espíritos, mundo este de uma vastidão sem limites, construído pelo Pai para ser moradia dos filhos desenfaixados do corpo físico, em diferentes fases do processo evolutivo.

É necessário entender que os corpos espirituais também são feitos de matéria, em estado vibratório mais sutil, com uma sutileza que faz grande diferença. Os recém-desencarnados não atinam rapidamente com essa diferença que se estabelece entre o corpo de carne que abandonaram e o corpo espiritual formado em sequência, com a matéria mental manipulada por um dos envoltórios do espírito. É tudo tão rápido e automático que a pessoa não chega a tomar consciência do acontecimento!

Eu mesmo vivi essa situação ao desencarnar, vítima de um acidente. Senti-me inteiro e me afastei correndo do local em busca da família para dizer que não havia morrido.

Lucélia, após minuciosas explicações, entendeu a particularidade dos irmãos que teriam de ser acolhidos em condições dignas nas diferentes esferas espirituais. Recém-chegada da esfera física, possuía uma empatia muito grande com outros irmãos recém-desencarnados, e seria ótima intérprete de suas necessidades e aspirações para o grupo de técnicos e trabalhadores especializados.

*

As pessoas que desencarnam sem o amparo de uma equipe espiritual que os encaminhe no primeiro momento, por falta de merecimento ou porque uma morte violenta antecipou o instante da partida, podem se ver perdidas no meio de um vazio – o que lhes aumenta a angústia – até o momento em que um familiar ou amigo leal faz uma prece intercessora, enviando ao mundo espiritual um pedido de socorro.

Todas as orações – lembramos aqui as missas de corpo presente, de sétimo dia e de todos os cultos religiosos que favorecem o desencarnado que, se não estiver em dificuldades, com certeza será confortado com a lembrança carinhosa da família. Posteriormente pudemos contar com o auxílio dos cristãos-espíritas em suas tarefas de assistência espiritual, ocasião em que os desencarnados são orientados e encaminhados a clínicas para tratamentos. Alguns revelam o seu estado de confusão e perplexidade quando tomam conhecimento do fenômeno da morte e não são raros os que perguntam: "e agora, para onde vou"?

Dirigentes espirituais caridosos estão preparados para responder a essa pergunta e encaminhar cada irmão para o lugar que o Pai providenciou para os filhos, respeitando sempre a índole e as necessidades particulares.

Com o avanço da evangelização das almas, já o dissemos anteriormente, os núcleos que recebem desencarnantes com maior grau de consciência precisam aumentar a capacidade física para recebê-los.

É preciso ficar atentos a que não somos nós – os cristãos-espíritas – os únicos que trabalham pela promoção das almas encarnadas e desencarnadas. Há um sopro renovador de consciências na psicosfera que envolve o planeta, produzido pelo amadurecimento espiritual que está sendo trabalhado por Jesus e seus auxiliares há milênios, antes mesmo que Ele, o grande Mestre, estivesse reencarnado entre nós. Lembremo--nos que Moisés e os profetas antecederam a vinda de Jesus!

Os mandamentos divinos foram recitados milhares e milhares de vezes e estão produzindo frutos desde então. É importante que os cristãos-espíritas que nos leem agora se preparem para que no futuro, quando desencarnarem, trabalhem no mundo espiritual ao lado dos irmãos que professam outras crenças, em pé de igualdade, sem esperar privilégios, como autênticos filhos de Deus.

Voltando ao tema das moradas espirituais explicamos que há um grande dinamismo na esfera dos desencarnados. Pessoas esclarecidas e de boa vontade como a amiga Lucélia são convidadas para dar suporte espiritual à obra de colonização do mundo espiritual onde os afazeres são numerosos.

Depois de instalar os grupos selecionados em territórios preparados na infraestrutura, é preciso lançar os alicerces de sólidas moradias que substituirão os casebres precários que possam ter surgido no primeiro momento. A engenharia do mundo espiritual é de primeira qualidade e não demora muito para que um ambiente inóspito se torne habitável, oferecendo qualidade de vida.

São conduzidos os dirigentes graduados de esferas mais elevadas, capazes de manter o equilíbrio e a ordem, estabelecendo poderes governamentais parecidos com os que conhecemos no plano físico.

Irmãos possuidores de dotes morais elevados instalam-se voluntariamente, em um gesto de fraternal interesse pela coletividade que está nascendo e tornam-se professores, conselheiros, médicos e outros profissionais. Utilizam-se da experiência pessoal para espalhar o desenvolvimento. Igrejas são erguidas, sem colocar em evidência uma ou outra religião. Erigimos casas de oração, ambientes seletos onde as pessoas se reúnem para orar, para estudar as escrituras e fazer reflexões. No mundo ocidental o predomínio cristão é natural e inevitável. Jesus é sempre o Mestre por excelência. Seu nome é citado e reverenciado.

Irmão Grimoaldo, ardoroso ex-sacerdote, coordena a ação religiosa em diversas comunidades recém-formadas, ao lado do amigo João Paulo e de diversas religiosas e religiosos, além de significativo número de leigos que não se filiam a nenhum credo, mas exemplificam o amor a Deus e ao próximo.

Alguns leitores poderão questionar se esse é o novo rumo das religiões, se passou o tempo das rezas, das confissões e das comunhões...

Para responder a esse questionamento convidamos o amigo João Paulo, credenciado para emitir sua opinião. Ele, que dedicou a vida na recente encarnação a enfatizar o valor da fé e da oração, nos manda o seguinte recado:

– A fé e a oração são os baluartes que nos mantêm em ligação constante com Deus, nosso pai e criador, em nosso templo interior, isto é, no recesso de nossa alma. A valorização do homem sempre fez parte do projeto divino e muito trabalhamos pelo entendimento dessa premissa enquanto exercíamos o ministério papal. Estimulamos o bom entendimento entre os povos e exaltamos o valor dos direitos humanos porque compreendemos que Deus sempre quis o melhor para os filhos, desde a moradia mais adequada até os bens de produção que colocam o alimento na mesa do trabalhador. Entendemos que estender as mãos para oferecer o trabalho dignifica tanto o ser humano quanto abrir o coração para orar. Os atos externos de oração quando existem aquecem a alma dos fiéis, mas é preciso admitir que a verdadeira união com Deus ocorra em espírito e verdade, como lembra o Evangelho. Nesta obra, o autor refere-se à existência de locais para reflexão, estudo de obras filosóficas e religiosas sem a finalidade de fazer proselitismo para um culto em particular, embora não haja proibições nesse sentido. Caminhamos para um estágio universalista do pensamento religioso e pode-se afirmar que observamos um crescimento na adesão de pessoas, cansadas talvez das disputas terrenas. Ressalvamos a liberdade de ação entre as numerosas colônias, não havendo a imposição dessa ou daquela conduta a um agrupamento de seres livres em essência, pois o livre-arbítrio mais se amplia à medida que o ser evolui e se aproxima do ideal crístico.

# 3.

# Ampliam-se as Acomodações

Nosso grupo chegou ao local que abrigava o Núcleo Cristão São Sebastião. Minha vocação pessoal para a engenharia foi utilizada como uma ferramenta adicional no trabalho, visto que meu objetivo principal era o de expandir os conceitos evangélicos entre criaturas que pela primeira vez estavam se acomodando em colônia bem cuidada, cujos moradores receberam os cuidados necessários para uma vida com bastante dignidade.

Em rápidas pinceladas vou descrever o que nosso amigo João Paulo registrou no início das atividades, quando ali compareceu em companhia de Irmão José e Chico Xavier, ocasião em que encontraram um aglomerado de barracos onde algumas famílias lutavam pela sobrevivência à maneira dos históricos desbravadores terrenos. Sem água encanada, buscavam o precioso líquido no leito de regatos enquanto perfuravam poços com as mais precárias ferramentas; sem energia elétrica e desconhecendo outras fontes energéticas eles aplicavam a força física nas situações em que fosse possível, mais acentuando a precariedade da existência.

Sabe-se que o plano terreno é uma cópia imperfeita do mundo espiritual. Neste caso, os moradores introduziam, no mundo espiritual, comportamentos de que se lembravam de utilizar no plano dos encarnados, que lhes permitiam sobreviver como bravos exploradores em uma região inóspita. Assim criaram uma cultura de subsistência, extraindo do solo o que esse podia oferecer. Tudo era penoso, até o momento em que a Espiritualidade Superior enviou seus representantes e, feitos os acertos, deram início a uma cidade civilizada no lugar onde somente havia dificuldade e desolação.

Perguntado se não teria sido mais fácil retirar o pequeno grupo de moradores e introduzi-lo em cidade já existente, irmão José nos socorreu com uma bela explicação:

– Temos bons motivos para criar novo núcleo – explicou ele – que poderá se expandir e abrigar um número razoável de habitantes em futuro próximo, aumentando a oferta enquanto prevemos o crescimento da demanda. Essa colônia servirá de entreposto para os mensageiros do bem que se locomovem com frequência entre um polo e outro nessas regiões limítrofes ao plano físico. Consideramos também as diferenças psicológicas e culturais dos primeiros moradores que se relacionarão melhor com outros afins, pessoas que forem chegando para dar os primeiros passos em um mundo mais organizado.

Nesse caso específico havia um líder entre os primeiros moradores, que foi consultado em respeito ao seu *status* de responsável pelo lugar. Não podíamos ferir sentimentos, caso em que as boas sugestões poderiam ser repudiadas. Depois de várias reuniões e tomadas de decisão as obras tiveram início, momento em que me aproximei com sugestões que me pareceram úteis e interessantes. Também ouvimos a opinião do grupo.

Entendíamos que evoluir é progredir em todos os sentidos: melhorando as condições do ambiente físico renovaríamos os valores morais e, consequentemente, os espirituais daquela comunidade de filhos de Deus em busca do progresso.

Eliminada a principal causa da insatisfação daquelas pessoas que se julgavam ao abandono, podíamos falar com mais clareza e profundidade do projeto de Deus a respeito das criaturas. Era complicado conversar com eles, admitiam os experientes mentores, visto a defasagem de conhecimentos espirituais que demonstravam.

– Alguns não guardam lembrança da última encarnação terrena – completou irmão José, sempre atento às nossas colocações. – O que realmente revela a evolução do espírito é a força gerada por sua mente. Quando a força mental é pequena, o indivíduo pode deixar de recordar o passado recente após o transe da morte. Fica tão difícil para ele entender o conceito da reencarnação quanto fica para alguns encarnados no plano físico.

Para tornar mais claro o conceito que acabava de emitir, nosso mentor interpelou Germano, jovem bastante prestativo que vivia junto àquele grupo há mais de uma década. Pedindo a ele que se identificasse perante nós, o jovem, em uma atitude tímida, assim se expressou:

– Dizem alguns de vocês que venho lá de baixo, lá da Terra – disse apontando para o chão. – Antes eu não acreditava em nada do que diziam, mas agora acredito que estou passando por um período de amnésia.

– Você não se recorda de ter passado pelo transe da morte do corpo, Germano?

– Não. É como se minha história tivesse começo do lado de cá!

– Agora você está começando a acreditar que veio de uma existência terrena?

– Tenho ouvido tantas coisas, tantas explicações, e além do mais tem a Joelma que apareceu por aqui o mês passado e diz que era minha irmã. Então...

– Existem outras pessoas como você que não se recordam de uma vida anterior?

– Conheço várias que só se lembram do tempo que estão vivendo por aqui!

– O trabalho deve ser intenso nessa área, feito com cautela e certa metodologia para esclarecer sem ofuscar – interagi com nosso mentor.

Enquanto trocávamos informações, percebíamos que Lucélia, associada a um grupo de religiosas, conversava com crianças em fase de alfabetização. Havia muita descontração na escolinha improvisada, onde as crianças aprendiam brincando e brincavam aprendendo, extraindo notável proveito das brincadeiras infantis. Lucélia e outras companheiras aproveitavam o ensejo e comentavam sobre conceitos de higiene e puericultura.

Sentado ao meu lado, João Paulo demonstrava grande interesse pela educação infantil, concordando comigo que criança é sempre criança, em qualquer região do Universo. É o período mais propício para a incorporação de novos hábitos e conhecimentos, fase que não pode ser desprezada pelos pais e educadores.

*

Espíritos superiores explicaram em *O Livro dos Espíritos* a importância do dilatado tempo da infância entre os homens, período que deve ser aproveitado pelos pais – os primeiros educadores –, para incutirem novos valores e conhecimentos nos seres imaturos que chegam de outras dimensões para experienciar a realidade terrena. A evolução é um processo contínuo, assim como ininterrupto deve ser o processo educativo dentro do lar, na escola e demais instituições sociais. Sem essa continuidade o processo seria fragmentado, e a mente que deve fazer a síntese dos conhecimentos sofreria com a descontinuidade. Na Terra ou nas diversas dimensões espirituais é sempre a infância que possibilita adentrar um terreno que faculte a aquisição de novos conhecimentos. Passando pelo inevitável estado de amnésia temporária, o ser pode refazer ou ampliar conhecimentos e valores adquiridos e arquivados no inconsciente profundo.

Deus, em sua infinita onisciência, não poderia cometer erros em se tratando do futuro evolutivo da espécie humana. A infância é um período abençoado por Deus e pode acontecer na Terra como no espaço, possibilitando a continuidade da educação dos espíritos.

O plano terreno é local de expiação e provas; as dificuldades que não forem sanadas de uma só vez terão a chance de tratamento nos territórios espirituais que se localizam no entorno do domicílio terreno, possibilitando aos espíritos enfermos a eliminação dos tóxicos remanescentes que lhes prejudiquem a saúde.

No Núcleo ao qual nos referimos foi construída uma clínica especializada no tratamento de espíritos com deficiência, que sofreram a violência do suicídio ou que foram abortados, impedidos de recompor os corpos espirituais danificados. O curto estágio no vaso uterino lhes valeria como preciosa terapia, mas o aborto provocado ou espontâneo em alguns casos era previsto pela equipe reencarnacionista, por causa do comprometimento cármico desses irmãos.

Sempre existe uma melhora, por menor que tenha sido o tempo de gestação, mas não sendo suficiente é necessário oferecer a esses irmãos outra oportunidade de renascimento, não mais na Terra, mas ali mesmo, no plano espiritual. As mulheres desencarnadas que passaram por traumas muito fortes por vezes são mais solícitas e generosas. Inteiradas da situação da futura criança não a rejeitam e quando recebem nos braços o ser deformado choram de emoção, provando que o amor materno pode sobreviver ao trauma da morte física.

Na referida Clínica são preparadas para a reencarnação criaturas com o corpo espiritual em frangalhos, necessitado da reparação que a força mental de uma mulher, associada ao seio materno que funciona à guisa de uma UTI neonatal, pode oferecer. Em uma ou mais tentativas vai-se completando o que ficou incompleto, vai-se modelando o que em um momento de extrema infelicidade ficou semidestruído.

Em assunto extremamente delicado não deixaríamos de contar com a orientação segura dos mentores. Irmão José procurou ampliar nosso raciocínio de forma a torná-lo mais abrangente e o entendimento mais acessível. Disse ele:

– Deus, criador sapientíssimo, colocou à disposição do homem a fórmula curadora da enfermidade gerada pela ignorância ou rebeldia dos filhos. A essência espiritual, estando revestida por vários corpos que recebem nas escolas espiritualistas diferentes denominações, não é atingida quando o homem age em um impulso de extrema agressividade contra si mesmo, tentando destruir o patrimônio que Deus lhe confiou. Os diferentes corpos funcionam como envoltórios do espírito e podem, muitas vezes, ser mutilados, carecendo de tratamento especializado em clínicas também especializadas do espaço, que restituem, gradualmente, a forma primitiva. A encarnação é um dos recursos maravilhosos que funcionam como agente de correção das distorções e anomalias, sob o impulso do forte magnetismo animal que predomina no plano terreno. Às vezes uma tentativa não é suficiente e o neonato desencarna, chegando ao mundo espiritual em situação que exige continuidade do procedimento terapêutico. Excelente expediente é o retorno ao berço ali mesmo no plano espiritual, onde passa pelo período de gestação no útero de uma mulher que o aceite como filho, que o ampare e conduza até os limites possíveis de serem atingidos. Isso é possível porque o organismo feminino carrega consigo a potencialidade de gerar a vida, em qualquer plano em que se encontre.

– As revelações espíritas – continuou irmão José – podem se expandir um pouco mais em atenção aos indivíduos que se tornaram capazes de entender as potencialidades do espírito. O Espiritismo está entre nós desde 1857 devassando o mundo espiritual, tornando visível o que estava escondido e se apresentava aos homens sob um espesso véu de alegorias. Assim foi porque o entendimento ainda era precário, dependendo de maior embasamento, tanto do lado da ciência com suas contribuições racionais, quanto do lado das religiões que precisavam se despojar dos resquícios de pensamento mágico em que se escudavam e talvez ainda se apoiem quando aceitam a ideia do sobrenatural. A evolução do pensamento humano foi fator determinante para que os Espíritos do Senhor abrissem as comportas das revelações superiores, sempre com método e discernimento, não permitindo que forças contrárias introduzam distorções danosas à compreensão dos irmãos que buscam maior conhecimento nas fileiras cristãs-espíritas. Antes de trazer ao público leitor informações que até agora estavam explícitas nas entrelinhas da Codificação, reuniões do alto escalão da Espiritualidade aconteceram sob o comando direto de Jesus e ficou decidido que era chegado o momento das forças do bem atuarem em uma comunhão de objetivos, para trazer ao homem encarnado na Terra e adjacências um pouco mais de luz sobre a origem, a destinação e a potencialidade do espírito.

# 4.

# Novos Estudos

Gustavo, que ocupara papel de líder na comunidade original do Núcleo Cristão São Sebastião, entendeu a necessidade de estudar para desempenhar algum papel de relevo na colônia que estava nascendo. Os conhecimentos de administração que trouxera da crosta lhe pareciam precários e rudimentares diante da grandeza do projeto que via concretizar-se em território próximo, aos poucos abrigando e acomodando confortavelmente os moradores.

As coisas aconteciam como eles desejaram e estavam acima das expectativas. O chão se abria por onde passavam as tubulações que constituíam a infraestrutura para o fornecimento de água, energia e outros elementos necessários disponibilizados ao uso; eles, surpresos, se perguntavam de onde chegavam. Para evitar qualquer sugestão que levasse ao misticismo milagreiro, os engenheiros explicavam rapidamente que chegavam de outras comunidades com quem estavam se interligando e não ofereciam maiores informações, certos de que não entenderiam o processo.

Há ocorrências tão difíceis de explicar quanto são difíceis de entender por quem ainda não adquiriu embasamento teórico. Assim foi no passado terreno quando fatos "miraculosos" aconteceram, sendo que hoje a ciência tem condição de explicá-los com a maior naturalidade.

Com o decorrer do tempo os habitantes se acostumaram com as mudanças e não se contentaram simplesmente a assistir aos eventos, mas arregaçaram as mangas e deram toda contribuição possível, solicitando que lhes fossem ministrados cursos que suprissem a falta de conhecimentos.

De esfera mais elevada vieram os principais dirigentes que concretizavam as decisões administrativas decididas em assembleias realizadas no Alto. As decisões eram apreciadas pelos líderes locais, incapazes ainda de opinar com sabedoria por desconhecerem as belezas que o mundo espiritual podia oferecer, mas se sentiam honrados pela distinção e trabalharam com muito empenho nas obras que eram levantadas com rapidez, se comparadas com os feitos terrenos onde existem interesses subalternos que emperram o processo.

No mundo espiritual as construções são viabilizadas sob a supervisão de técnicos competentes que não visam ao interesse pessoal porque reconhecem que tudo é de Deus, e que o homem desencarnado apenas usufrui da bondade de um Pai generoso e que nada possui de seu em definitivo.

No mundo espiritual, até onde podemos atingir com nosso conhecimento, a vida também é temporária à semelhança da Terra. As criaturas submetem-se ao mesmo processo evolutivo, logo, recomenda-se a todos o desapego dos bens materiais, comprovando-se que o Evangelho de Jesus não foi revelado apenas para o homem que vive na esfera da carne. Em semelhante situação, enquanto o espírito se servir de um corpo espiritual semimaterializado, ele terá que praticar o desapego, não podendo servir a Deus e manter o interesse pela posse material, como sugere o Evangelho.

Com a mente mais aberta entenderemos que a vinda de Jesus ao plano terreno não se tratou de uma visita restrita aos encarnados, mas aceitamos que de uma forma que ainda não nos foi dado perceber, Jesus estendeu a sua voz e o seu conhecimento às adjacências terrenas, onde milhões de almas se esforçavam para fazer a difícil subida vibratória a caminho da luz.

Tivemos a oportunidade de expressar a ideia de que a evolução se processa em círculos concêntricos; no centro está o Mestre expandindo e irradiando o seu magnetismo poderoso de modo a alicerçar a nossa incipiente energia. Paulo, o apóstolo, captou e refletiu muito bem essa ideia quando assim se expressou: "tudo posso naquele que me fortalece"! Jesus é a nossa força, não se trata de uma simples metáfora, mas uma verdade inconteste. De uma maneira toda espetacular Ele supre nossa deficiência energética e impede nossa queda quando fraquejamos.

De que outra forma teríamos nos levantado do terreno da animalidade para subir os degraus da inteligência, da moralidade e do livre-arbítrio?

À medida que os espíritos se aprimoram, mais se identificam em inteligência e sabedoria com o seu Cristo interior; amando mais e melhor, os irmãos superiores entregam-se de corpo e alma a auxiliar os inferiores, os necessitados de arrimo, proteção e encaminhamento.

*

Na construção desse Núcleo Cristão pudemos observar uma dedicação ordeira, disciplinada e desinteressada. Todos colaboraram no limite dos próprios conhecimentos; ninguém se envaideceu com a feitura do bom trabalho porque foi feito em nome de uma grande Causa, ou seja, a construção do reino de Deus entre os homens. Entendamos por homens tanto os espíritos encarnados quanto os desencarnados, cada faixa expressando em si as peculiaridades que lhes são próprias. O reino dos espíritos puros com certeza vibra sob diferente diapasão, do qual ainda não temos maiores referências.

Existe no Além uma grande preocupação pela educação dos espíritos. Escolas são construídas e servem aos propósitos de alfabetização daqueles que chegam sem ter adquirido a luz das primeiras letras, como daqueles que chegam pelo berço e tiveram a memória eclipsada no processo de reencarnação, fenômeno idêntico em todas as faixas do processo evolutivo. O cérebro orgânico só se apropriará dos fatos registrados graças aos neurônios ativados no ato de fazer os registros.

É assim que o inconsciente se amplia, ampliando consequentemente a bagagem espiritual.

São diversos os papéis desempenhados pelo espírito ao longo das várias encarnações. Em uma pode desenvolver o senso artístico com a produção de belos quadros de pintura e outras obras de arte, enquanto outros talentos ficam adormecidos. Adormecidos, não anulados completamente. Em outra existência pode ser ampliado o conhecimento científico e ao longo dos séculos a bagagem espiritual se tornará ampla e complexa, sem que o indivíduo se aperceba disso.

Observamos que a prática sexual no Além existe, porque o impulso sexual, como uma das forças da alma, é inerente à natureza humana. Na esfera em que os indivíduos adquiriram maior controle sobre forças genésicas, não se encontra totalmente submetida às forças do instinto. Quanto mais ascende na escala evolutiva, menos pressão sofre o espírito para o exercício do sexo, que pode ser expresso sob outras condições e variáveis, como força anímica que se traduz em atos criadores de beleza e de bondade, e expressam o imenso amor que liga todas as criaturas.

Desse entendimento depreendemos que o renascimento no mundo espiritual obedece a condições específicas e é mais presente nas camadas evolutivas mais próximas do homem encarnado que vive sob a pressão dos hormônios e da libido.

Como o sexo ainda é tabu para os encarnados que o praticam e o criticam ao mesmo tempo, porque viveram épocas de ignorância a respeito da sublimidade da comunhão sexual geradora de vida e de energia, acreditamos que nossas afirmações possam gerar um ponto de interrogação no primeiro momento. Com uma análise criteriosa sobre o tema, deixando de lado os preconceitos sobre a prática sexual que se realiza sobre a Terra, encontraremos um ponto de equilíbrio que mostrará a grandeza do intercurso sexual e sua capacidade geradora de vida, que dota o homem encarnado ou desencarnado da possibilidade de construir uma história maravilhosa, provando que Deus, o Autor do Universo, estabeleceu grandiosa sinfonia, esperando que os filhos aprendam os divinos acordes.

Ao responder a pergunta sobre o sexo dos Espíritos, os Espíritos Superiores assim se manifestaram em *O Livro dos Espíritos*: "os espíritos não têm sexo assim como entendeis". Todo o conhecimento superior está condensado em poucas palavras, pois dado o desconhecimento da época, era o máximo que se poderia dizer, deixando para o futuro os possíveis desdobramentos. Nosso conhecimento sobre o sexo como sobre outras coisas mais é muito rudimentar. Ainda precisamos atravessar o portal da autoiluminação para compreender essa força magistral que Deus colocou na criatura, capaz de fazê-la reproduzir-se e de manter acesa a chama da vida que o Pai acendeu sobre a Terra há milhões de anos.

O desvirtuamento na sua utilização fica por conta do precário estágio evolutivo em que se encontram muitos irmãos apegados quase que exclusivamente às sensações, que precisam ainda desbravar o território dos sentimentos e estão fazendo isso aos poucos, gradualmente... As sucessivas reencarnações servem a esse objetivo e fazem o anjo de amanhã brotar do ser embrutecido de ontem.

Atingido o estado de espírito puro, a energia sexual inerente ao espírito terá outras formas de exteriorizar-se, com certeza na total sublimação, posto que o Criador nada tivesse criado que resultasse inútil e não seguisse a linha evolutiva proposta por Ele na Criação.

*

São amplas as oportunidades de estudos no mundo espiritual. O aprofundamento é feito em cursos superiores, abertos para indivíduos que retirarão proveito da teoria e colocarão em prática o acervo de conhecimentos, visando ao desenvolvimento da coletividade. O individualismo não prevalece nos níveis superiores, em que são feitas pesquisas que no futuro enriquecerão o plano terreno com novas tecnologias e descobertas científicas, quando da reencarnação de indivíduos que levem propostas de trabalho nesse campo. Acontece um intercâmbio saudável de informações e as descobertas que poderão ocorrer em diferentes locais por diferentes indivíduos gerarão certa perplexidade entre os estudiosos no meio terreno. Essa troca de conhecimentos também é presente entre as colônias espirituais – muito mais numerosas e populosas do que os encarnados podem supor – com os renascimentos cruzados entre si, pois como temos afirmado, esse intercâmbio saudável é um meio de que Deus se tem utilizado para promover o adiantamento dos filhos espalhados pelo Universo.

Até algum tempo cultivou-se a ideia de que todo adiantamento espiritual aconteceria no plano terreno no período das encarnações, deixando sem explicação mais clara o que fariam no mundo espiritual os espíritos após a desencarnação. As notícias que chegam, acentuadamente, do Além, preenchem as lacunas do conhecimento para os homens encarnados que estão se tornando mais esclarecidos, auxiliados pela mediunidade conduzida por Jesus, que abriu a possibilidade de mais ampla revelação.

Para maior entendimento do leitor – nossa principal preocupação –, diria que no mundo espiritual acontece uma "globalização das informações", conduzida de cima para baixo, isto é, de regiões de mais intensa luz para as de mais baixa luminosidade.

Haveria um controle no fornecimento dessas informações? Respondemos que sim. Qualquer precipitação ofuscaria as mentes receptoras que, antes de esclarecer-se, tornar-se-iam bastante confusas e não tirariam proveito das pérolas que lhes fossem atiradas.

A mediunidade está a serviço da iluminação das almas quando o medianeiro forma parceria com espíritos bem intencionados que projetam luz no ambiente terreno. Com a perspectiva de mudança de era é preciso que se estabeleça intercâmbio com outras esferas de onde chegam orientações e advertências.

Não me refiro apenas ao trabalho esclarecedor do livro, mas à comunicação salutar que acontece em outros níveis, de maneira ostensiva ou não em núcleos religiosos que pregam a palavra de Deus, que fornecem esclarecimentos, orientações e estimulam os crentes à prática do bem. Nos ambientes cristãos-espíritas o intercâmbio acontece nas salas de passe, nas tribunas onde é esmiuçado o Evangelho, nos trabalhos de cura em que é aplicado o magnetismo curador, na assistência espiritual aos irmãos desorientados, nas salas de aula onde crianças, jovens e adultos refletem sobre a vida de Jesus sob a óptica espírita. Revistas e filmes complementam o reservatório de informações sobre a vida depois da morte física, e assim, quase de forma imperceptível, vai se estabelecendo uma cultura do espírito no mundo terreno que banirá, a seu tempo, qualquer resquício de materialismo e animosidade contra o pensamento religioso.

Veremos as distorções desaparecerem para dar lugar ao pensamento correto, mais próximo da verdade, fundamentado no conhecimento científico engrandecido pela fé. A fé mostrará o caminho que a ciência confirmará no primeiro momento ou aguardará uma próxima oportunidade, favorecendo o equilíbrio saudável de forças que conduzem a Deus.

Fé e ciência não são forças que se oponham quando bem compreendidas. A fé racional e lógica tem o apoio da inteligência e da razão, alavancas de que se serve o cientista quando está em busca da verdade. Em outros tempos a fé foi manipulada por interesses das classes dominantes; falsas verdades foram impostas à população inculta em nome de Deus, visando à manutenção do prestígio das elites intelectuais, bem pouco preocupadas com a verdade. Na mesma época ficou emperrado o pensamento científico por falta de base de sustentação, pressionado por opositores poderosos que censuravam, perseguiam e condenavam...

Os cientistas refugiaram-se nas academias, totalmente "divorciados" de Deus, rejeitando toda e qualquer intromissão em seus postulados, ficando estabelecidos dois territórios distintos: o da fé e o da ciência.

É preciso que se faça o caminho de volta, sem qualquer tipo de dominação. Deus, como criador único e universal, criou todas as leis, sabe como elas funcionam, é o maior e o mais sábio de todos os cientistas. Pouco a pouco, à medida de nosso crescimento mental, Ele vai se revelando aos filhos.

Temos dito, como outros autores espirituais, que a mediunidade é um dom natural que tende a se avolumar e expandir ao longo do processo evolutivo, ao lado de outros dons menos perceptíveis.

O espírito cresce e amplia diversas potencialidades que se encontram inseridas em sua essência desde o ato da criação. A mediunidade, como capacidade de comunicação mental entre seres inteligentes, é uma dessas potencialidades. Em comunidades angélicas não há por que usar palavras, ali o pensamento é tudo e basta para uma comunicação perfeita.

Não é o tempo que vai acrescentando possibilidades ao espírito; em caráter embrionário já somos deuses, como advertiu Jesus; basta que deixemos crescer em nosso íntimo as sementes de luz plantadas pelo Pai.

*

Em uma tarde bastante cinzenta fizemos uma visita à crosta: João Paulo e eu, tendo ao nosso lado outros irmãos que participaram de uma tarefa de resgate de um grupo de pessoas que desencarnaram em um acidente. Eles voltavam de uma romaria quando o veículo que os conduzia rolou por uma ribanceira provocando a morte trágica dos membros de uma mesma família: pais, filhos e alguns sobrinhos, perfazendo o total de sete pessoas empenhadas no bem, envolvidas no trabalho missionário em uma paróquia do interior pernambucano.

Quando a notícia chegou à cidade, espalhou-se um alarido e as perguntas pairavam nos lábios de quantos conheciam aqueles apóstolos do bem. Em síntese, eis o que se perguntava:

– Como coisas tão ruins acontecem a pessoas que tiveram uma vida tão boa, seria castigo divino?

– Deus não castiga, logo, acho que foi imprudência do motorista!

– Era o dia chegado! Vamos aceitar como vontade de Deus!

– Nunca entendi bem essa colocação. Falar em vontade de Deus quando sabemos que Deus é amor?

Estávamos ali para recepcionar os cristãos valorosos que passavam por um desencarne coletivo violento, antes que fossem encaminhados para a região de luz a que fizeram jus por méritos pessoais. Aquele sofrimento era a gota d'água que faltava para que se libertassem interiormente. Os cristãos-espíritas entendem bem os conceitos da Lei de Ação e Reação, enquanto os leitores não espíritas vão se familiarizando com a palavra "carma" que possui o mesmo significado.

Os desencarnantes em questão deviam esse acerto à própria consciência culpada por um deslize cometido na penúltima encarnação. Proprietários de uma empresa de transporte descuidaram-se da manutenção... Para se libertar da culpa contraída em conjunto planejaram esse desencarne, de tal forma que livres pudessem seguir em frente.

O mundo espiritual esperava pela volta deles e até ansiava pela presença daquelas pessoas dedicadas que dariam uma força aos trabalhos em andamento. Eles eram católicos fervorosos, mas conviviam bem com o grupo evangélico do lugar, com quem somavam forças para extinguir alguns focos de miséria e analfabetismo do lugarejo.

A convivência entre grupos religiosos diferentes está ficando mais harmoniosa em lugarejos onde a população entendeu que a união faz a força; parece que os litígios estão virando coisas do passado.

O velório daquelas pessoas foi realizado no salão paroquial e confesso que a cena, do ponto de vista humano, foi particularmente triste para os familiares e amigos que ficaram. Enquanto os corpos eram respeitosamente velados nós estivemos por perto, prestando nossa colaboração com intuições para a paz e aceitação. Lançávamos no ar alguns conceitos evangélicos que o pároco e pastores captaram mentalmente de forma bem pessoal. Os mais sensíveis e preparados perceberam a presença dos amigos espirituais e concluíram que tudo estava bem com os desencarnados.

Durante algumas semanas ainda se comentaria o infausto acidente; os bons exemplos dados por aquelas pessoas ficariam registrados por muito tempo.

Enquanto o tempo corria, em uma colônia do mundo espiritual o grupo valoroso, completamente reabilitado, preparava-se para o trabalho redentor.

– Há algum tempo nós os esperávamos – aparteou Heitor, um colaborador do grupo que presta serviço ao Núcleo.

– Eles se encaixarão com justeza naqueles postos – confirmou o amigo João Paulo.

*

Escolhemos uma narrativa para refletir com o leitor, principalmente com aquele que se aflige em demasia diante do fenômeno da morte, quão simples e natural é o fenômeno do desencarne, ocasião em que se devolve ao pó o que do pó fora feito, isto é, o corpo de carne.

Os espíritos, em outras dimensões, se deixam envolver por outros corpos com os quais se manifestam. No plano terreno o envoltório é o mais grosseiro dos corpos, o mais denso e pesado, adequado à estrutura do planeta onde poderá se manifestar, atuar e elaborar melhor o entendimento e a inteligência, que se tornam enriquecidos à medida que se trabalha para a própria subsistência.

Quando o ser humano conseguir assimilar todos os conhecimentos enriquecedores que a Terra for capaz de proporcionar, o espírito não precisará mais se submeter à precariedade de um planeta inferior e estará apto ao conforto de nova moradia que lhe favoreça com novos conteúdos e valores morais mais vigorosos. Nessa progressão é que o espírito se aprimora e atinge a perfeição prevista por Jesus. Ao plano inferior só voltará de livre e espontânea vontade para um trabalho assistencial junto à família carnal ou espiritual.

Assim compreendida, a morte é uma transição abençoada para um novo patamar. Os corpos que revestem a essência espiritual podem ser descartados, fenômeno que poderá ocorrer em qualquer dimensão em que se posicione, pois é da Lei que o homem evolua sempre, percorrendo os caminhos que nossos grandes líderes espirituais têm trilhado ao longo dos séculos.

– Essa é a proposta evolutiva que o Pai determinou para os filhos – reforçou João Paulo nosso raciocínio, ele que até bem pouco tempo foi um condutor de almas preocupado com o destino do homem.

– O irmão pôde se expressar com tal clareza no exercício do ministério papal?

– Não, Luiz Sérgio. Admito com humildade que tais conceitos só se tornaram claros para mim após o meu retorno ao mundo espiritual.

– Mas o senhor era um estudioso e estava em busca da verdade!

– Agora vou perguntar como Pilatos: "o que é a verdade?" Se para nós, livres da armadura do corpo que nos arrefece os sentidos, a verdade é ainda um objetivo distante de alcançar, o que diremos de nossas percepções quando estamos na carne, atordoados por tantos sistemas filosóficos e econômicos contraditórios?! Como tive oportunidade de explicar em uma obra que está por vir a lume, eu precisava passar pelo caminho da busca do entendimento à frente da comunidade cristã, preparando a volta de agora para somar esforços aos companheiros do passado.

– Estivemos à sua espera, irmão, e a ansiedade tornou-se acentuada à medida que se aproximava o tempo de sua chegada. Entendemos que tudo deu certo no planejamento divino e sempre estamos no lugar certo na hora exata.

– Sempre que não atravessarmos os desígnios de Deus! – completou com sabedoria João Paulo.

*

Estava ainda envolvido com as ponderações que constariam da nova obra, quando recebi, telepaticamente, orientação do irmão José para seguir para determinado local de forma a ajudar no socorro a alguns irmãos que estavam em grandes dificuldades, correndo o risco de desencarnarem antes do tempo previsto. Era preciso agir para que tudo voltasse à normalidade em uma rede elétrica, poupando a vida dos técnicos que ali estavam prestando serviços.

– Qual será nosso procedimento? – perguntei ao abalizado mentor.

– É evidente que não podemos atuar no plano material consertando o que estiver danificado e que eles, no auge do medo e do desespero, não conseguem perceber.

– Estou entendendo, irmão José. Nós vamos conduzir o pensamento dos técnicos para o defeito que estará visível para nós. Vamos acalmá-los providenciando fluidos especiais. Mais calmos eles terão confiança nos próprios conhecimentos e vão agir com presteza. O problema será sanado provisoriamente, pois vejo que existe uma pequena peça necessitada de substituição.

– Por isso convocamos uma pessoa com conhecimentos de engenharia, Luiz Sérgio. Enfim, não fazemos milagres, embora alguns irmãos encarnados pensem que sim!

– Ainda tenho gosto pela engenharia, irmão José, mas a tecnologia terrena é bem precária diante do que aprendemos em nosso plano. Acho que vou estudar mais um pouco!

Depois de nossa atuação vimos os irmãos encarnados se afastarem daquela torre com um largo sorriso no rosto, alegres pelo êxito conquistado. Com certeza eles voltariam para completar o trabalho, pois fiz questão de forçar o olhar de um deles, o mais perceptivo, para aquela peça enferrujada que estava preste a se romper. Com ares de vitorioso ele disse para os companheiros:

– Ainda voltaremos para trocar "aquela peça". Graças a Deus percebemos a tempo o "problemão" que poderia nos acontecer.

Lembrei-me no momento de uma expressão que significou muito para mim: "Deus ajuda o homem por intermédio do próprio homem". A atenção com que o grupo realizava o trabalho, com plena consciência da sua importância social, livrou aquela região de um blecaute bastante prejudicial economicamente, além de poupar a vida de vários trabalhadores que teriam os corpos danificados por explosões incontroláveis que promoveriam queimaduras e lesões de grande porte.

A oração fervorosa do grupo de manutenção fez uma conexão vitoriosa com equipes espirituais do bem que registraram o pedido e passaram para a instância superior, onde a situação foi avaliada com rapidez e precisão. Em questão de minutos o socorro estava chegando e tudo se processou como relatamos. Não pudemos deixar de registrar a oração de agradecimento que fizeram. Longe do perigo, os técnicos deram-se as mãos e agradeceram a Deus o rápido atendimento. Um pouco mais instruídos em assuntos religiosos eles não falavam em milagres; admitiam, sim, uma ajuda fraterna de outra dimensão, muito além do seu entendimento, mas a fé e alguns conhecimentos espirituais foram suficientes para colocá-los a salvo quando estiveram bem próximos de uma tragédia.

Temos feito referência a veículos que nos locomovem, mas em casos como esse é a força do pensamento que nos conduz com a rapidez necessária. O pensamento superior "abre" uma estrada de luz por onde nos conduzimos com a eficiência de um raio, sempre que uma ocorrência trágica precisa ser evitada ou um socorro caridoso precisa acontecer.

Deus atua por intermédio da mente humana que estiver imbuída de ideal superior, que estiver atenta e focada no bem. Caso contrário, se a vítima gritasse por socorro e encontrasse um interlocutor desatento, com a atenção voltada para problemas do cotidiano, ela não seria atendida de imediato, restando ao plano superior encontrar um espírito mais vigilante para efetuar o resgate.

A Doutrina Espírita ensina que não existem milagres da maneira como entendemos vulgarmente. As leis naturais criadas por Deus somente por Ele poderiam ser derrogadas. Pensemos assim, para facilitar o entendimento: em oração duas pessoas pedem pelo clima: uma precisa do sol e a outra pede pela chuva que beneficia a plantação. A quem Deus atenderá?

As leis naturais têm que ser fixas e imutáveis e o Universo é regido sabiamente por elas. A interferência externa sofre limitações e só pode ocorrer com a anuência divina. Esse entendimento é indispensável para a evolução do pensamento humano.

No nosso cotidiano vemos pessoas que dizem ter perdido a fé porque Deus não salvou um filho acometido de uma enfermidade incurável neste estágio atual da medicina terrena. Para realizar tal cura seria necessária a introdução de medicamentos ainda não descobertos ou de uma técnica cirúrgica ainda desconhecida dos médicos terrenos.

A solução para os encarnados é evoluir, é buscar novos medicamentos por meio de pesquisas sérias cujos resultados sejam aplicados a ricos e pobres em busca da cura. Melhor que isso, se possível fosse, seria não adoecer, desde que saibamos que as enfermidades começam a se formar de "dentro para fora", isto é, do perispírito para o corpo denso onde se manifestam sob diversas formas de anomalias.

Pergunta-se o porquê de tantas enfermidades de difícil diagnóstico e mais difícil tratamento, nesse período que chamamos de transição para uma vida melhor. Parece uma incoerência, mas entendemos que não seja. Quando se prepara uma casa para receber uma visita de relativa importância, é desejável que se faça uma boa higienização e que seja retirada até a menor sujidade do ambiente.

É o que está acontecendo com a moradia terrena e seus atuais moradores. Todos precisam melhorar as condições físicas e mentais para habitar um mundo melhorado, mais organizado e pacífico. Em suma, é preciso adequar o morador à futura moradia. Muitas enfermidades que vemos representam o fim de um reajuste cármico. Desta encarnação muitos espíritos sairão em melhor condição e mais bem preparados para uma volta futura, quando nossa Terra estiver firmemente estabelecida no período da regeneração. Pensando assim, fiquemos otimistas e corajosos frente às dificuldades atuais.

*

As pessoas que desencarnaram no trágico acidente que vitimou vários membros da mesma família tão logo se restabeleceram foram convidadas a acomodar-se na colônia recém-formada, que dessa maneira adquiria pujança e vitalidade com a adesão de moradores que ofereciam um trabalho de qualidade, da forma como um dia desejaram e registraram nos projetos reencarnatórios.

Uma encarnação cumprida com sucesso franqueou aos espíritos o ingresso em colônia que atendia ao interesse espiritual do grupo. Como previu João Paulo, em curto espaço de tempo eles estavam encaixados em funções de mando e organização, já que eram conhecedores de técnicas administrativas que se somavam aos valores do espírito.

Antonio Carlos, o de mais idade, era um experiente médico no setor da Medicina de grupo em sua terra e emprestaria conhecimentos para estabelecer alguns convênios médicos no Núcleo Cristão. Não temos como comparar o atendimento médico terreno com a organização espiritual que cuida da saúde em nosso plano, por isso nos privamos de ampliar comentários nesse sentido.

A esposa de Antonio Carlos, Mariana, era uma excelente pediatra e se responsabilizaria por esse departamento, auxiliada por uma nora – Angélica – e dois filhos – todos afeitos aos problemas da saúde. Completando esse grupo estavam dois jovens sobrinhos do casal.

Na área da Educação o Núcleo estava sob a direção de Lucélia.

Como tivemos oportunidade de frisar, todos foram aguardados e recebidos com esperançosa alegria. Em nosso meio o que importa é a competência profissional somada a outros critérios como afinidade, unidade de pensamento e qualidades morais.

O setor habitacional estava dividido em condomínios. Havia conforto e simplicidade nas moradias, nada que evidenciasse o prestígio do morador pela aparência da habitação. Aos poucos cada um daria um toque pessoal, sem os excessos de luxo e ostentação que se observam nos condomínios terrenos.

Muitas almas de escol chegavam de esferas superiores para colaborar no crescimento da colônia. Com o passar do tempo já não se notava distinção, pela simples aparência, entre os primeiros moradores e os que apresentavam maior esmero nas maneiras de falar, de se vestir e comportar em situações sociais, comprovando a tese de que os seres humanos podem ser educados e transformados.

Para coibir possíveis abusos e desregramentos foi estabelecido um setor que cuidaria da segurança, embora as ocorrências desagradáveis não passassem de traquinagens de adolescentes e pequenos furtos. O leitor atento vai concordar que o ser humano não se torna santo pelo simples fato de desencarnar, e levará em conta que o Núcleo que descrevemos à guisa de exemplo não se encontra em região espiritualmente elevada.

Os dirigentes maiores são designados pelo Alto e aceitam as responsabilidades como forma de continuar crescendo na escala evolutiva. Eles exercem seus afazeres sem motivação alguma de ordem inferior. Não buscam retorno material nem visam ao prestígio que motivam os irmãos encarnados quando ascendem aos postos de chefia. São espíritos de ordem superior, que fizeram a síntese entre conhecimento e amor que gera a verdadeira sabedoria.

Tais dirigentes interagem com outros condutores de almas, íntegros e experientes, que têm trânsito livre nas esferas superiores onde trocam informações e recebem diretrizes, quando necessário. Recebi permissão para citar o nome venerável de um desses condutores, o amado irmão de todos os brasileiros, quiçá de toda a humanidade terrena, que tem se beneficiado de seu trabalho santificado: Francisco Cândido Xavier.

Ele é um dos pilares do Cristianismo redivivo, encarregado de divulgar as primícias evangélicas no entorno do planeta, depois de ter oferecido uma vida de sacrifício em prol da divulgação dos postulados cristãos-espíritas no meio terreno, por duas vezes quase consecutivas, conforme registra a História. Ele é um medianeiro entre a Terra e o Céu e com certeza encontra-se assessorado por falanges do bem, multidão de espíritos que se doaram ao trabalho na vinha do Senhor, que lançaram mão do arado e sequer olham para trás, tão motivados estão pelo trabalho a realizar.

A modéstia do grande missionário não é o único fator que o mantém a certa distância de seu rebanho, mas o tempo que ele gasta no exercício de suas funções como intermediário do Alto o impede de prolongar o contato gentil com os amigos que sempre o caracterizou.

Certa feita, ao privar da alegria de um encontro, perguntei ao Chico se não desejaria confraternizar-se um pouco mais conosco que sentimos tanto a falta de sua palavra e orientação. Com o encanto de sempre ele respondeu:

– Os afazeres são tantos, meu amigo, que reservo alguns minutos do sono indispensável para vibrar pelo nosso povo diariamente. Aos amigos mais chegados envio com frequência um recado mental, às vezes chegamos a um rápido diálogo. Há casos em que a rotina atordoante do plano terreno não me deixa ser percebido. Então beijo as mãos do companheiro ou companheira e dou prosseguimento às tarefas. Há casos de encontros noturnos para orientação de trabalho em que os interlocutores encarnados não se recordam dos diálogos. Encarrego você, Luiz

Sérgio, de dizer aos leitores e simpatizantes da Doutrina que não estão sozinhos. Numerosos companheiros espirituais estão atentos ao andamento das atividades espíritas, assim como outros tantos se dedicam à orientação dos outros credos, neste momento de vital importância para o núcleo terreno como um todo, crosta e adjacências, para que tenha prosseguimento a formação do rebanho composto pelos filhos de Deus.

Pelo que entendi do recado do grande amigo, Chico continua firme à frente da falange espírita-cristã, essa corrente que se formou a partir do século XIX e só cresce desde então, estabelecendo o reino do Evangelho entre as criaturas terrenas, expandindo a fé raciocinada, clareando as propostas do Mestre Jesus que a todos veio demonstrar o caminho da redenção.

Se em uma época os cristãos acreditaram que Jesus nos havia salvado pelos méritos de sua paixão e morte, hoje, com maior abertura mental, entendemos que a força de sua mensagem e de seus exemplos faz toda a diferença. O Mestre fez a parte que o Pai a Ele designou; devemos desempenhar agora o nosso papel, seguindo as orientações luminosas que Ele firmou com o próprio sangue.

*

Antonio Carlos tornou-se o médico responsável pelo atendimento aos enfermos recém-desencarnados, depois que recebiam os tratamentos emergenciais em câmaras adequadas. Ele sabia que algumas enfermidades têm raízes profundas no psiquismo humano e para que a cura aconteça de forma definitiva elas precisam ser encontradas e erradicadas do íntimo do ser. Desencarnes provocados por grandes traumas físicos e emocionais, por via de regra necessitam de maior empenho dos terapeutas.

Doutor Antonio Carlos, experiente médico no plano terreno, usava de toda a habilidade na direção de competente equipe formada por médicos, enfermeiros e técnicos especializados, em um trabalho que não era realizado sozinho, visto que os excelentes trabalhos sempre são exercidos em grupo, por pessoas que se estimam e se respeitam, em que a afinidade determina um vínculo muito especial.

Quando um profissional se afasta de uma colônia por força de uma reencarnação, não se pode dizer que os vínculos sejam rompidos. Os encontros noturnos acontecem e trabalhos são realizados mesmo que o encarnado de nada se recorde no período de vigília. Alguns irmãos, quando desencarnam, encontram obras feitas com a sua participação, possível porque mantiveram intacto e estreito o vínculo de afinidade espiritual que nem a distância nem a diferença vibratória puderam desestruturar. Abrimos um parêntese para explicar que muitas associações para a prática do mal são mantidas em idênticas condições.

Em brevíssimo tempo, ao se efetuar o reencontro, é feita uma reciclagem dos conhecimentos, considerando que o adiantamento científico e tecnológico do mundo espiritual é deveras superior ao do mundo físico.

Em sua volta, Antonio Carlos juntou-se a antigos e novos companheiros, em um ambiente de verdadeira fraternidade, onde estava ausente o espírito de competitividade que caracteriza o homem encarnado. Sem o doentio interesse pelo enriquecimento que os espíritos de ordem elevada superaram, o tratamento de saúde encontra-se ao alcance de todos os moradores da colônia, subsidiados pelos bons administradores da coisa pública que aplicam em benefício de todas as possibilidades geradas por uma administração autenticamente cristã.

– Aprofundar esse tema seria, talvez, criar terreno para contestações, o que não é nossa intenção! – observou o amigo João Paulo.

– Polemizar nunca foi nosso objetivo – respondi ao amigo que se colocou ao meu lado na hora do registro literário, da mesma forma que me mantenho firme junto dos companheiros no decorrer das atividades. No entanto – ponderei –, como ter companheiros encarnados esclarecidos se lhes colocarmos uma venda nos olhos?

– Concordo, Luiz Sérgio. Se estamos escancarando para eles a realidade espiritual, como sonegar informações que respondam à natural curiosidade?

– Quando afirmamos que o plano terreno é cópia imperfeita do plano espiritual, não podemos admitir que esses dois planos sejam tão diferentes entre si, exceção feita aos planos muito elevados, dos quais não temos informações tão precisas – continuei a elaborar o meu raciocínio.

– Enquanto estive encarnado – acrescentou João Paulo –, com os conhecimentos limitados, não poderia supor que os diferentes graus evolutivos dos espíritos fizessem tamanha diferença nas habitações coletivas do mundo espiritual. Hoje me dou conta da grande capacidade plasmadora dos espíritos elevados, que podem interferir de maneira criadora no mundo ao redor. Agora, não podemos admitir que um espírito de ordem inferior tenha condições de alterar a paisagem física pela força do pensamento!

– Então – interferi – esses irmãos entre os quais nos situamos constroem a partir da utilização de instrumentos e ferramentas um pouco mais aperfeiçoados do que os terrenos; utilizam-se de roupas confeccionadas por mãos caprichosas de alfaiates, de costureiras ou via produção industrial.

Os leitores, a partir deste ponto, concluirão, por si mesmos, até que ponto chegam as semelhanças ou diferenças entre os mundos físico e espiritual, diferenças e semelhanças também de ordem administrativa, econômica e social. Maior aprofundamento não ousaria fazer por enquanto.

*

Dr. Antonio Carlos, com sua anterior experiência no gerenciamento hospitalar terreno, absorveu em pouco tempo as peculiaridades do novo mundo e do organismo humano dentro do novo meio. Recém-chegado de uma região terrena empobrecida, o médico estava preparado para compreender as necessidades fundamentais de corpos ainda grosseiros dos moradores de regiões do entorno terreno. Outras considerações carecem de maior aprofundamento, o que foge do objetivo desta obra de cunho religioso, que visa orientar o encarnado quanto à realidade que vivenciará após o desencarne.

Instruí-vos, orientou Kardec, o mestre francês encarregado por Jesus de dar início à terceira revelação espiritual, sendo a primeira a de Moisés, seguida no tempo por Jesus, o grande revelador do Amor Divino.

Jesus salientou a necessidade de fazer brilhar a nossa luz interior, por isso não haverá justificativa para que se questione um "excesso" de informações que alimentarão a inteligência do homem e da mulher, facultando-lhes percorrer a jornada do entendimento e da racionalidade.

O objetivo essencial das múltiplas encarnações é colocar o homem em contato com experiências e conhecimentos que lhe ampliem o horizonte mental e o façam erguer-se da pobreza que caracteriza a mente animal de onde se originou.

Todos os grandes homens que evidenciam inteligência notável deram os primeiros passos na senda evolutiva seguindo o mesmo curso e cresceram uns mais e outros menos, na medida do esforço pessoal dirigido ao aproveitamento das oportunidades que o meio lhes ofereceu.

Apliquemos, pois, nossa energia mental no caminho do entendimento das coisas passadas e do futuro como seres espirituais que somos, hoje com mais discernimento do que ontem, e amanhã, provavelmente, mais próximos da sabedoria divina.

Fizemos esta digressão para sedimentar a ideia de que é chegado o momento de maior abertura dos encarnados para as verdades que os aguardam quando se despojarem do corpo denso. Nós, os irmãos que nos envolvemos com a tarefa de orientação dos recém-desencarnados, percebemo-los confusos e sofrendo desnecessariamente, porque não receberam dos credos religiosos informações que os poupassem do estresse extremo em alguns casos.

Perguntamos: por que não informar? Por que não lhes abrir os olhos sobre a semelhança do mundo espiritual com o mundo terreno e vice-versa? Por que não acalmá-los, mostrando que a morte não é o fim de tudo, pelo contrário, é o recomeço de uma vida mais plena que pode ser bastante feliz?

Depende do nível mental de cada indivíduo perceber o fenômeno da morte dessa ou daquela maneira, mas estamos certos que o conhecimento torna a situação menos dolorosa. Parte daí que enquanto abrimos o leque das informações estamos auxiliando os socorristas da espiritualidade que ajudarão as almas a se ajustarem mais rapidamente às singularidades da vida de desencarnado.

Na fase da doutrinação, nas tarefas mediúnicas, com frequência ouvimos esta pergunta:

– Ah, por que o sacerdote ou o pastor nunca falaram sobre isso?

Explicamos que muito não poderia ter sido dito porque as religiões, com bem poucas exceções, não obtiveram tais informações!

Este é o momento do Espiritismo, enfatiza o irmão José, mentor experiente, que desde o tempo da Galileia assumiu compromisso com o Evangelho de Jesus e atualmente é um dos baluartes do Espiritismo.

Tudo tem o seu tempo e a sua hora, mas não podemos deixar passar a oportunidade. A humanidade terrena, na sua maioria, está desperta para as coisas do espírito, embora nem sempre admita. O desenvolvimento das ciências abre as mentes mais preparadas e são essas que devem conduzir o raciocínio do homem do futuro. De múltiplas formas as notícias estão chegando e se infiltrando no imaginário popular, enquanto o movimento medieval de caça às bruxas já não sobrevive.

Enquanto um enfoque mediúnico revela o baixo mundo espiritual com seus sofrimentos e contradições, de outro lado chegam informações enriquecedoras que enchem de esperança outra parcela dos encarnados. Reunindo as informações vemos compor-se um quadro mais completo do que seja a vida no mundo espiritual, mas que será sempre incompleto em vista da riqueza de detalhes que o compõem.

# 5.

# Excelentes Informações

Em uma ensolarada manhã de domingo fomos encontrar Lucélia reunida com algumas companheiras em um parque muito bonito, onde o verde da paisagem era realçado pelo alegre brilho das flores e o suave e melódico canto dos pássaros das mais variadas espécies.

Víamos um grupo de entusiasmadas professoras jovens que avaliavam o desempenho do trabalho pedagógico e escolheram uma paisagem tranquila com um ar bucólico, sem ruído algum que interferisse no resultado das conclusões. Como diretora, Lucélia interpelava as companheiras sobre o desempenho dos alunos nos últimos meses.

Chamava atenção uma classe com 16 alunos, considerada numerosa pelo padrão da colônia, onde o módulo básico não passaria de oito. O acréscimo indesejável deveu-se ao afastamento de uma professora em razão dos preparativos para reencarnar. Para os moradores era voz corrente que a professora em questão ausentou-se por motivo de doença e seus alunos foram temporariamente anexados à sala da professora Lucila, até que surgisse uma substituta ou a própria professora recobrasse a saúde, coisa que sabíamos não iria acontecer.

Nesse ponto da narração levantou-se um questionamento e solicitamos ao experiente irmão José que nos socorresse com suas fluentes explicações:

– Em um mundo espiritual elevado onde os moradores conhecem a dinâmica da vida espiritual, a ideia da reencarnação é ponto pacífico. Entre os espíritos mais simples como a maioria dos moradores do Núcleo que descrevemos, é desconhecido o caminho que fará a alma ao se desligar do corpo físico, isto é, do corpo que eles veem e sentem. Predomina ali a ideia de morte, pois eles veem um corpo dentro de um ataúde, mas não veem o perispírito passando pelo processo de restringimento e demais passos que colaboram para a reencarnação.

– Então não se referem à reencarnação de forma imediata, mas a admitem como possibilidade futura, da forma como alguns encarnados aceitam esse processo!

– Sim, meu filho, a evolução não dá saltos de qualidade. É preciso tempo, estudo e análise criteriosa da realidade que os rodeia, para que um dia entendam os mecanismos da lei divina. Quando a professora enferma não retornar, os amigos entenderão que faleceu, velarão o seu corpo e o verão ser conduzido a um cemitério para posterior cremação. Os mais crentes farão orações pela alma da amiga, sem imaginar que ela, em espírito, em uma outra instância, estará se preparando para encarnação futura.

– Encarnação que não tem que ser necessariamente na Terra, não é, irmão José?

– Poderá ser na Terra ou em outra colônia condizente com sua situação espiritual. A experiência tem mostrado o plano terreno como palco das reencarnações expiatórias.

– Também tem aqueles que vêm para auxiliar amigos e familiares, como os que vêm para novos aprendizados. Abordamos esse tema em uma de nossas primeiras obras enviadas aos irmãos na carne.

– Quem estudou com seus livros pôde aprender com clareza muitos temas espíritas. Se mais não foi esclarecido, é porque não era conveniente chocar o leitor com assuntos totalmente desconhecidos.

– Sempre fui orientado a dosar a informação!

– Como ainda estamos fazendo Luiz Sérgio. Não pensem os leitores espíritas que todos os "segredos" estão sendo revelados. A mente encarnada não entenderia por falta de fundamentação teórica.

*

Dando prosseguimento à reunião, Lucélia ouviu da professora Vera, responsável pelo aprendizado dos pequeninos, uma colocação bastante interessante, fato que vamos explorar.

– Nas primeiras semanas todos eram bastante introvertidos, quase se negando a conversar entre si, como se existisse uma animosidade invisível aos nossos olhos – relatou a professora.

– O que foi feito para abrandar a situação? – perguntou a interessada diretora.

– Agi mais ou menos intuitivamente. Providenciei agradáveis atividades sempre em grupo, brincadeiras divertidas que exigiam o concurso de todos. Aos poucos eles já sorriam entre si e percebi que a animosidade abrandou. Hoje eles são praticamente amigos, participando das mesmas artes e brincadeiras. O quadro se modificou como que por encanto.

Mais uma vez irmão José participou revelando a origem da maior parte do pequeno grupo de aprendizes. A causa da animosidade estava na última existência terrena em que viveram situações de conflito pela posse de terra em determinada região do país. Agora, renascidos, ainda abrigavam no inconsciente certa repulsa entre si, que se manifestava na forma dessa sutil animosidade que as professoras percebiam.

Sem inteirar o grupo de todo o contexto espiritual, aproveitamos para reforçar conhecimentos doutrinários, estimulando a oração e a paciência na solução de problemas psicopedagógicos.

Em uma obra anterior relatamos estudo feito sobre a educação em nossa pátria e fora dela, quando fomos levados por mentores a analisar a adequação entre alunos e professores e concluímos que o envolvimento no processo de aprendizagem tinha muito a ver com a história pregressa de cada um. Agora víamos uma situação em que os companheiros de classe traziam uma referência do passado, situação que explicaria simpatias e aversões dentro do grupo estudantil.

Quando os professores terrenos compreenderem a Lei de Ação e Reação que motiva o comportamento humano, poderão auxiliar os alunos a vencer as repulsas que promovem agressões gratuitas e injustificáveis no meio escolar.

A sabedoria divina dispersou no plano terreno criaturas de culturas diferentes para que, distantes dos desafetos naturais, aprendam com outros povos uma maneira mais adequada de convívio social.

A reunião foi bastante instrutiva para os que dela participaram e os apontamentos feitos por Lucélia forneceriam embasamento para novas ações pedagógicas. Não são omitidos em nosso educandário conteúdos que enriqueçam a alma a pretexto de respeitar o livre-arbítrio do educando, pois entendemos que o respeito à criança é o fator que nos move a educá-la segundo os padrões éticos cristãos. Somente uma educação integral pode agregar valores à personalidade humana, que não se restringe à aquisição pura e simples de conhecimentos ou treino de habilidades. A educação da sensibilidade prepara o ser imaturo que está se formando para ser bom, além de ser inteligente.

Os professores em nossa colônia não são mestres consumados, mas aprendem e se aprimoram enquanto ensinam, preparando uma geração responsável para o desempenho dos variados papéis dentro da sociedade, desde os de cunho profissionalizante até os que refletem uma filosofia de vida capaz de moldar outras mentes e consciências.

Existem colônias preparadas para estudos especiais, enquanto outras se satisfazem com a oferta do básico e essencial, na medida exata do que suporta a mente dos habitantes. O Pai oferece aos filhos as oportunidades para evoluir na medida do que podem aproveitar!

Existe liberdade de prática religiosa nas colônias, mas reforçamos a tese de que a orientação superior se baseia na filosofia que Jesus veio inaugurar na Terra, que prega o amor acima de tudo, o respeito ao próximo e aos mandamentos divinos. Questionamentos, quando existem, partem de alguns grupos mais ortodoxos de seitas cristãs, que logo se curvam diante do tratamento fraterno indistintamente dispensado a todos os moradores.

Outro momento importante da reunião tratou da formação dos adolescentes, cujo conteúdo inclui o preparo para o exercício de uma profissão. Assim como no plano terreno, a sociedade do Núcleo exige funções específicas de técnicos e burocratas e cabe à escola a formação dos aprendizes para o exercício futuro da profissão. Homens e mulheres, de acordo com as aptidões pessoais reveladas e com o desejo explícito de se ocupar dessa ou daquela atividade, procuram o setor administrativo da instituição e se candidatam a um dos numerosos cursos teóricos e práticos que o educandário oferece.

Existem várias modalidades de ensino, ensejando aos moradores diversas opções de cursos para o aprimoramento pessoal. Não se exclui a possibilidade de intercâmbio estudantil com outras colônias. Também não está excluído o trabalho doméstico, sempre importante quando há presença de crianças dentro do lar. A tecnologia pode facilitar o trabalho que dispensa a mulher ou o homem da azáfama doméstica, mas a presença materna é insubstituível no papel de mãe e educadora, situação em que a tarefa feminina é tida em alta consideração, mesmo quando é exercida por uma auxiliar. Creches e escolas maternais existem e são bem assistidas e orientadas. Não há ociosidade, todos contribuem de alguma forma para o bom andamento da comunidade.

*

Uma colônia pode estar sempre em expansão. Nos dias atuais, grande contingente de desencarnados bate às portas do mundo espiritual, chegando do plano terreno pródigo em catástrofes que ceifam a vida corpórea de milhares de pessoas, cujos espíritos são recebidos e encaminhados para núcleos socorristas de onde partem, após necessário tratamento, para cidades onde permanecerão de modo mais ou menos fixo de acordo com as possibilidades. O que os encarnados chamam de mérito, entendemos por real possibilidade.

Em rápida análise da condição mental dos espíritos que estão deixando o corpo na atualidade, deduz-se que pequena minoria seja capaz de ascender a paragens onde vige maior organização, ficando a maioria acomodada em regiões bem próximas da crosta, nas quais receberão tratamento adequado e se submeterão ao regime de vida condizente com o grau de evolução.

Todos são acolhidos, até aqueles que se demoram em regiões purgatoriais e ali permanecem até que tenham condição de serem introduzidos em colônias mais bem estruturadas e sejam internados em clínicas especializadas ou em postos que garantam a segurança, deles e da comunidade.

Deus a ninguém desampara e todos os filhos recebem os eflúvios de seu amor, por ação dos mensageiros da luz sob a coordenação central do Mestre Jesus. O Mestre é auxiliado por um contingente numeroso de espíritos amadurecidos e experientes, que cerram fileira com Ele, em uma dedicação exclusiva à causa divina. Cada um contribui com o próprio talento, que corresponde à porcentagem sugerida na parábola evangélica, produzindo os frutos da boa ação, da generosidade e do exemplo que arrasta para o bem.

Agora que a humanidade evoluiu um pouco mais, o bem começa a produzir os frutos em progressão geométrica, mas é pouco perceptível a sua atuação, visto que o bem é silencioso enquanto o mal é barulhento e procura se impor pela força das palavras em busca do convencimento.

O planejamento divino é perfeito porque é fruto de uma Inteligência perfeita. A pressa, resultante da ansiedade doentia do homem, não existe na proposta divina. Essas e outras considerações que trazem ânimo e orientação recebemos dos mensageiros da luz que as recolhem de mentes muito mais iluminadas que as nossas e norteiam nossas ações. É assim que Deus se faz presente em nossas vidas, atuando de forma direta e indireta, utilizando-se das mentes rudimentares das criaturas que em seu conjunto se tornam fortes e aptas à compreensão.

As ocorrências que estão fora do alcance da mente humana obedecem rigidamente às leis naturais, elaboradas pela Mente Divina que criou o Universo e o mantém firme em suas "engrenagens". Maior entendimento dessas leis só obteremos mediante os ciclos evolutivos por que haveremos de passar rumo à esfera crística.

*

Doutora Mariana, responsável pela ala infantil do hospital da colônia, surpreendeu-se certa ocasião com o nascimento de uma criança especial, evidenciando sinais que caracterizavam a síndrome de Down. Médica experiente e com nítidas lembranças sobre ocorrências do plano físico ela confidenciou ao esposo:

– Eu diagnosticaria como Down, mas admito certas diferenças na manifestação atenuada que aparenta.

– É sabido que certas diferenças existem entre os portadores, Mari. O que dizem os exames laboratoriais?

– Deixaram-me bem confusa, realçando a diferença entre o que temos aqui e o conhecimento que temos no plano físico. Pedirei esclarecimento aos nossos maiores.

Já não se tem dúvida no meio espírita que a enfermidade que infelicita o corpo denso tem origem em uma disfunção íntima do corpo espiritual. A cura, portanto, deve começar nesse corpo mais sutil que precisa terem corrigidas as disfunções internas.

O bebê que veio ao mundo com certeza havia manifestado a mesma síndrome enquanto encarnada; renascia agora no novo plano com resquícios do mesmo problema que poderá ser sanado completamente em um mundo mais evoluído, capaz da erradicação definitiva da mazela que o acometia. Se voltasse a reencarnar na Terra, não encontraria a cura, neste estágio ainda pouco desenvolvido da medicina terrena. Este raciocínio pode ser estendido para casos semelhantes.

A reencarnação precisa ser bem compreendida; é uma grande bênção que põe em evidência a sabedoria do Criador. Espíritos grosseiros que no primeiro momento não podem encarnar em ambiente mais sutil passam pelo meio terreno para receberem certa purificação; depois, mais purificados, desencarnam e voltam a renascer em plano mais delicado e desenvolvido, onde a medicina é capaz de lhes devolver a saúde plena. Se os pais conhecessem esse mecanismo de cura utilizado pela sabedoria divina, talvez não se desesperassem tanto diante da morte "prematura" de um filhinho. A morte, às vezes, dá início a um processo de cura total!

Doutor Antonio Carlos relata o caso da estranha enfermidade de pele que de tempos em tempos acometia um senhor de mediana idade.

A cura estava sendo difícil de ser obtida, razão pela qual ele foi encaminhado ao departamento de pesquisa profunda do psiquismo para extrair suas lembranças arquivadas da vida terrena com a clareza necessária para elucidar o caso.

Realizada a regressão, veio à tona o momento em que o paciente, em um acesso de fúria, espancou um animal até deixá-lo prostrado morto com o corpo dilacerado, em carne viva. O animal fazia o transporte de pequenas cargas no sítio e parece que naquele dia, por algum motivo interno de fragilidade ou de doença, ele não atendeu às ordens do sitiante. Irado, sem autocontrole, espancou o animal até este cair desfalecido no solo.

Pelo resto da existência o sitiante foi assombrado pela imagem do animal morto, mas as exigências do cotidiano terreno desviavam sua atenção para outras atividades. Sem oportunidade de aliviar o psiquismo com um tratamento, adoeceu por dentro, de forma que ali, no mundo espiritual, estava às voltas com a consequência do tresloucado gesto terreno.

Surpreso com as conclusões, doutor Antonio Carlos fez um relato circunstanciado do fato ao departamento médico, para análise e reflexão sobre os poderes da mente. O paciente foi encaminhado para psiquistas e terapeutas espíritas e, à luz da Doutrina de Kardec, foi instruído e curado. Hoje é um homem bastante cuidadoso com o temperamento explosivo que ainda possui.

Esses relatos levam-nos a refletir sobre a unicidade da vida do espírito, ora em um plano, ora em outro, mas sempre vivo e dinâmico, conquistando alegria ou tristeza, saúde ou pesar, de acordo com o tipo de energia aplicada em suas atitudes. Toda vez que agimos, movimentamos energia por intermédio dos centros de força, verdadeiros dínamos que permitem movimentos de crescimento físico e psicológico. O crescimento deve ser equilibrado sem provocar rupturas porque, se existirem, provocarão anomalias físicas ou psíquicas, determinando um padrão deficiente de crescimento.

Quando todos, no corpo denso ou fora dele, tiverem tomado conhecimento dessas sutilezas, teremos uma humanidade verdadeiramente saudável. Pouco a pouco esses conhecimentos estão sendo divulgados. O grupo cristão-espírita encabeça o movimento esclarecedor desses fatos, pois está bem preparado para receber esse lance da revelação que o plano espiritual nos envia de Mais Alto, para fortalecer a fé racional e introduzir, de vez, a humanidade no território da razão.

Trouxemos ainda outro fato para a apreciação do leitor que gosta de ler, refletir e aprender. Trata-se de Jorginho, garoto bastante sugestionável que desencarnou na adolescência preso a uma cadeira de rodas. Sua coluna fora seriamente lesionada em um acidente que ocorreu quando estava a caminho da escola. Era um resgate que ele teria que fazer para livrar-se de uma culpa do passado. A mãe, porém, pessoa muito religiosa, na ânsia de confortá-lo, deu muita ênfase à dificuldade de andar e repetia com frequência ao menino entristecido: "é vontade de Deus que você jamais volte a andar; trate de se conformar".

Imaginamos que a mãe quisesse poupá-lo de uma desilusão, pois sabia, por informação recebida do médico, que seria quase impossível que ele voltasse a andar por causa da gravidade das lesões. Poderia ter falado de uma maneira mais branda? Não deveria ter dado tanta ênfase ao aspecto negativo da situação?

Antes de atingir a idade adulta, Jorginho desencarnou e foi levado ao mundo espiritual onde poderia ter chegado com capacidade de andar, visto que as lesões no corpo espiritual não existiam... Foi essa a conclusão da equipe que o recebeu.

Quando era submetido a uma entrevista, Jorginho respondia calmo e taxativamente:

– Eu nunca vou andar; minha mãe sempre me disse isso. É a vontade de Deus!

O adolescente ouviu, aceitou e introjetou o pensamento negativo graças à sua índole submissa, que não deixava margem para nenhuma argumentação. Alguns cristãos procedem assim em relação a certos dogmas religiosos que são aceitos sem antes passar pelo crivo da razão.

Podemos dizer que Jorginho se auto-hipnotizou; em razão da complexidade do caso foi encaminhado a especialistas do psiquismo para se desfazer o nó que fora feito há vários anos. Depois de meses de tratamento, ele aceitou que poderia andar!

*

Em recente conversa com João Paulo, líder cristão até poucos anos, falávamos sobre os malefícios produzidos nas mentes ingênuas pela fé cega e irracional, fundamentada na interpretação errônea das escrituras. As escrituras – lembrava ele – são antigas, de existência milenar, ditadas por espíritos a culturas muito diferentes dessas que conhecemos. Inspiradas aos homens em época de pequeno saber científico, constituem livros históricos que fazem relatos sobre a vida de povos antigos, mas carecem de melhor entendimento.

A Bíblia que conhecemos oferece, como sagrados, os Mandamentos revelados a Moisés no Monte Sinai. Esses atravessaram o tempo e nunca perderam a validade. Jesus os considerou intocáveis, pois disse: "não vim destruir a Lei nem os profetas". Na sua sabedoria fez dos Mandamentos uma síntese perfeita quando aconselhou: "amem a Deus sobre todas as coisas e ao próximo como a si mesmos".

O Novo Testamento é o conjunto de livros formado pelos Evangelhos, Epístolas, Atos dos Apóstolos e o Apocalipse. Referem-se à vida e atos de Jesus, e ao trabalho apostólico após o retorno do Mestre ao mundo espiritual. Foram escritos em línguas antigas e passaram por várias traduções até chegar à Vulgata Latina. Nessas traduções podem ter perdido o sentido original em diversas passagens. O Espiritismo, por meio das instruções dos Espíritos, está resgatando o sentido real que Jesus deu às suas mensagens.

João Paulo, espírito versado nas verdades espirituais, está de volta ao meio cristão como portador das novas revelações necessárias ao adiantamento da humanidade terrena. Agora é o tempo em que deve prevalecer a fé raciocinada que se apoia nos pressupostos científicos. O avanço do conhecimento humano está dentro do projeto do Criador em relação aos filhos. Nada há escondido que não venha, a seu tempo, ficar às claras. A revelação das verdades eternas está ocorrendo de forma clara e permanente e se acentuará na medida do aprimoramento de nossa inteligência e capacidade de entendimento.

*

A professora enferma citada anteriormente desencarnou e foi conduzida à esfera condizente com sua situação espiritual. Como explica *O Livro dos Espíritos*, os recém-desencarnados necessitam de tempo para refazimento e adaptação, não importando o mundo que estejam deixando para trás.

Eulália, a professora em questão, era uma alma virtuosa, mas sem méritos para alçar voo para esfera mais alta, por isso estagiaria por alguns anos em colônia similar ao Núcleo Cristão, onde poderia assimilar novos conhecimentos. Tempos depois, refeita e mais bem preparada, planejaria o retorno ao plano terreno em base mais sólida e enriquecedora, tanto para ela quanto para a sociedade.

Uma encarnação que traga repercussão benéfica para o plano terreno deve ser preparada com esmero; o planejamento envolve a família, a localidade de atuação e os companheiros de trabalho que devem estar a postos na hora da prestação de serviço.

No caso em pauta, Eulália deveria nascer em lar cristão e os pais que deveriam recebê-la já se encontravam encarnados. Ela seria a filha mais velha do casal ao lado de alguns irmãos e irmãs, todos amigos do passado, alguns dos quais comprometidos com a mediunidade responsável.

Os recursos mediúnicos de Eulália seriam ostensivos, razão pela qual ela e outros componentes do grupo foram encaminhados a um Liceu especializado, onde se esmerariam nos estudos evangélicos e doutrinários, reforçando conhecimentos que facilitassem maior integração com a Espiritualidade superior.

A reencarnação estaria sob cuidados especiais de técnicos para levar a bom termo o processo, a fim de que o novo grupo de médiuns chegasse ao plano terreno em condições de abraçar, no momento aprazado, a missão sublime da mediunidade com Jesus.

Poucos anos foram suficientes para que Eulália, a primeira filha do casal Ventura, chegasse ao lar de Josué e Henriqueta, médicos reconhecidamente caridosos. A criança alegre e extrovertida alegrava o lar do casal que ainda trouxe ao mundo mais dois meninos e duas meninas.

Chegado o momento de ter início a educação básica, a escolha da escola foi criteriosa: para as meninas e meninos foram escolhidos colégios católicos que oferecessem rígida formação intelectual e moral.

Podemos questionar se no seio dessa família notoriamente católica haveria de surgir alguma dificuldade para que os filhos e principalmente Eulália se posicionassem no campo da mediunidade!

Nada que prejudicasse o desenvolvimento espiritual de Eulália aconteceu; à medida que crescia a menina revelava, ao lado dos dotes intelectuais, um senso moral muito elevado, que a preservava de qualquer assédio de forças inferiores.

O evangelista Lucas narra que aos 12 anos Jesus se distanciou dos pais e forneceu lições aos doutores da lei judaica, em uma manifestação de graça e sabedoria. Resguardadas as devidas proporções, entendemos que os seguidores fiéis de Jesus que estão atentos aos seus ensinamentos também crescem e evoluem. As noites da pequena Eulália eram movimentadas em espírito. Ela e um grupo de amigos afins se reuniam em algum lugar do mundo espiritual para continuar estudando e reafirmando os votos de assumir futuros compromissos.

Algumas promessas e bons propósitos feitos antes da encarnação são relegados ao segundo plano quando chega o momento de colocá-los em prática, situação muito presente quando se trata do exercício da mediunidade. A mediunidade, por exigir do médium o sacrifício de alguns interesses pessoais no que se refere à busca preferencial por bens materiais, por excesso de lazer e apego excessivo às distrações terrenas, tem sido a campeã do esquecimento e consequentemente do arrependimento do médium quando abandona o domicílio terreno.

O intercâmbio mediúnico favorece o enriquecimento espiritual do medianeiro enquanto colabora para o auxílio fraterno nas atividades de cura e de desobsessão. O médium é sempre o primeiro beneficiado. Até o maior médium que conhecemos, Chico Xavier, muito se enriqueceu espiritualmente enquanto oferecia ao plano espiritual suas mãos abençoadas para dilatar os ensinamentos da Codificação.

Sabido é que Chico era uma alma de escol, que nunca trairia os votos feitos diante de Jesus com quem formou honrosa parceria na divulgação da mensagem evangélica. Para não correr risco, talvez tenha optado por uma vida terrena pobre e sem atrativos, uma escolha sábia que evidencia o apreço que ele demonstrava por sua vida missionária.

Jesus poderia ter nascido em berço de ouro, dentro de um palácio; como herdeiro legítimo do rei Davi poderia ter pleiteado um legado no reino de Israel... Mas o seu reino não era deste mundo!

Espíritos grandiosos como os de Chico e de Jesus não se apegam aos bens da Terra, que nada tem a lhes oferecer. Os médiuns, porém, ainda pequenos interiormente, correm o risco do apego e da distração, razão por que faltam tantas vezes aos compromissos assumidos.

*

A formação religiosa recebida por Eulália facilitou o florescimento dos dons mediúnicos, contrariando o falho entendimento de que a mediunidade só acontece aos militantes da seara espírita.

Os pais – Josué e Henriqueta – eram colaboradores das obras assistenciais da paróquia que se beneficiava com a participação espontânea dos filhos, que cresciam e escolhiam os setores de sua predileção.

Eulália, como era de se esperar, optou pela área da educação dos menores carentes que estavam sob os cuidados diretos do Grupo Fraternal Bezerra de Menezes. Aceita como voluntária, por conta própria adicionou aos estudos acadêmicos o aprofundamento nas obras da codificação kardequiana. Seu interesse era estimulado por um dos guias da instituição espírita, com quem formaria ao longo do tempo distinta parceria. A jovem professora atrairia para a Doutrina os irmãos e os amigos comprometidos com a causa.

As mudanças iam acontecendo de forma tranquila e quase imperceptível. Os pais, com vigor físico e intelectual, interessaram-se pelos estudos dos filhos e, longe de criticá-los, associaram-se a eles. O próprio pároco não via com reservas a ação dos cristãos-espíritas, e era evidente que um sopro renovador de consciências passava por aquele rincão singelo, onde em primeiro plano colocava-se a busca do bem comum, distante de personalismos e interesses subalternos.

– O que estava bom está ficando melhor – confidenciou um dia o doutor Josué à sua esposa, em momento de pura reflexão.

– Não haveria de ser diferente, meu querido, desde que todos nós, católicos e espíritas, trabalhemos em nome de Jesus. Em uma próxima oportunidade vamos convidar também os irmãos da Assembleia de Deus! As portas sempre estarão abertas para os trabalhadores de boa vontade, independentemente do credo que professem.

Abrindo um parêntese retornamos ao tema que há alguns anos está sendo divulgado entre os encarnados de forma sutil, mas consistente. É o Projeto *A Paternidade Divina*, que se expande com grande segurança no mundo espiritual, conclamando todos os filhos de Deus à união fraterna, independentemente da forma exterior que utilizem nos atos religiosos que expressam a sua fé. A humanidade, desde os primórdios, sempre esteve em busca do entendimento de Deus e a história faz esse registro. É chegado o momento da união de objetivos e de pensamentos, embora haja diversidade no território das ações e atitudes que demonstrem a própria fé.

Deus é uno, mas os homens estabeleceram formas diversificadas de adoração. Até aí, tudo bem, porque a diversidade não ofende a dignidade divina. Cada cultura pode, de modo próprio, honrar e louvar o Criador desde que dos diferentes cultos não resultem agressões ou imposições ofensivas em nome da majestade divina, todo poder e bondade em sua essência.

Uma grande dificuldade encontrada no meio terreno veio com a imposição de idêntica prática religiosa para todos os moradores de uma nação, prática essa imposta por uma legislação viciosa que na maioria das vezes encontra-se a serviço do grupo político que detém o poder.

Esse defeito de conduta ocorreu em todos os impérios antigos – lembremos que os faraós e os césares se julgavam seres divinos. No meio dos judeus, Jesus fez a séria advertência de que se fizesse a distinção entre o que dizia respeito às coisas terrenas e a Deus.

A usurpação dos direitos divinos pelos homens de governo vem de longa data, mas está mudando de feição porque o povo está reagindo e a voz das minorias já se faz ouvir.

No entorno do mundo terreno, em colônias espirituais que visitamos na companhia de grupos formados por cristãos, judeus e muçulmanos que estão aderindo à ideia universal da paternidade divina, vemos prosperar o sentimento de fraternidade sincera e conforta-nos o coração perceber que o nome de Deus é louvado em espírito e verdade.

Esse sentimento de verdadeira fraternidade está se ambientando na esfera terrena, onde se percebe, em várias situações, comunidades mais fraternas e unidas apesar das diferenças.

*

Eulália era uma jovem feliz. Trazia no rosto um sorriso que encantava. Quando visitava a enfermaria da Santa Casa local, de seus lábios saíam palavras que produziam esperança e preparavam os pacientes para tratamentos considerados difíceis.

Os médicos e enfermeiros passaram a reconhecer a eficácia da prece, enquanto os enfermos portadores de vidência falavam da presença espiritual que distribuía remédios invisíveis aos olhos, de eficácia comprovada pela melhora que produziam.

O pároco, quando entendia necessário, visitava os leitos oferecendo o conforto da confissão e comunhão aos enfermos desenganados pela medicina terrena. Algumas vezes era surpreendido com história de visitantes espirituais que lhes restituíam a saúde e prolongavam seu tempo de vida de forma "miraculosa", deixando entrever a ação divina por intermédio dos bons espíritos.

Margarida, uma paciente que se aproximava dos 70 anos, estava muito doente, razão por que se licenciara da direção do orfanato conduzido pela igreja em parceria com o grupo espírita. O coração estava fraquejando e ela apenas lamentava abandonar a tarefa que dirigira por mais de 20 anos, desde que ficou viúva e alcançou a aposentadoria no magistério local.

À noite, no horário que sabia ser de oração na igreja matriz, ela unia-se em pensamento ao culto cristão, solicitando um pouco mais de força e tempo necessário para que sua auxiliar, Eulália, adquirisse experiência para substituí-la na função.

Em um desses momentos a jovem professora entrou no quarto e presenciou a seguinte cena: Margarida, no leito, estava envolta em suave luz que se tornava mais forte no tórax à altura do coração. Com a vidência aberta Eulália observou o trabalho cuidadoso de um cirurgião espiritual que, munido de um instrumental específico, tomou nas mãos a forma astral do órgão da vida e o manipulou com extrema cautela, enquanto dois assistentes emitiam fluidos de sustentação. Margarida respirou profundamente e adormeceu em seguida.

No dia seguinte a ala cardíaca do hospital não tinha explicações para a repentina melhora da paciente, que revelava inexplicável estado de energia.

– Foram nossas orações! – explicou o pároco aliviado pela recuperação da tarefeira. Todos se alegraram, mas somente Eulália, com dotes mediúnicos ostensivos, participara do acontecimento.

À medida que fatos insólitos aconteciam, a jovem os revelava aos pais com extrema discrição para não chamar a atenção sobre si. A confiança dos pais ia aumentando!

Para se dedicar à tarefa espiritual de forma exclusiva Eulália optou por ficar solteira, não assumindo compromissos pessoais que pudessem desviá-la da meta ou sobrecarregá-la em demasia. O magistério era exercido com total dedicação. Na casa espírita ela granjeou simpatia e respeito do grupo e sua mediunidade era exercida nos trabalhos de cura e desobsessão. No trabalho de equipe realçava-se a presença coordenadora de Eulália auxiliada pelo bom senso dos pais, conduzidos pela disciplina dos discípulos de Bezerra de Menezes.

Eulália, apaixonada pelo exercício da mediunidade com Jesus, abriu mão da vida pessoal para ceder espaço ao trabalho caridoso. Não precisaria ter chegado a tanto. Bastar-lhe-ia, para sair vitoriosa na encarnação, oferecer a Deus a parcela que lhe restasse do tempo, assim como fazem muitas pessoas. Eulália foi mais longe e restringiu ao mínimo as necessidades pessoais para que lhe sobrasse mais tempo para as leituras edificantes, para o estudo aprofundado das grandes obras religiosas e para a prática do amor fraterno, fatores esses que determinaram maior envolvimento com altas esferas espirituais, nas quais se alimentou de amor e luz que pudesse repartir com os irmãos de humanidade.

Sabemos que a mediunidade é potencialidade neutra e os seus efeitos estão na razão direta das qualidades da alma que a pratica. Quando o médium forma parceria com espíritos do bem envolvidos na causa da evolução do plano terreno pela divulgação de mensagens edificantes que podem trazer notícias do mundo espiritual, ele mesmo cresce muito em entendimento e se adianta espiritualmente.

Por outro lado, a mediunidade pode atuar como faca de dois gumes, se o médium associa sua faculdade aos irmãos inferiores do Além, desprovidos de ética e senso moral. Ele pode perder os frutos de uma encarnação que teria sido proveitosa ao seu adiantamento.

Os espíritos que pleiteiam a mediunidade recebem aulas especiais sobre as dificuldades que encontrarão pelo caminho, de forma que a maioria, receosa, retrocede na intenção. Dos poucos que se mostram corajosos, uma significativa porcentagem não tem coragem de fazer como Jesus sugeriu: deixar tudo para segui-Lo!

Não é nossa intenção tecer crítica aos irmãos médiuns, por entendermos a dificuldade de se colocar em prática uma aptidão ainda questionada e criticada no plano terreno. Quando escreve um livro em parceria com um espírito, não lhe é poupada a desconfiança. Quando transmite pela psicofonia um recado do Além, há sempre alguém que o interpele: será que é mesmo o fulano? Se, por inspiração, pinta um quadro ou compõe uma música, vozes se levantam para pôr em dúvida a identidade verdadeira do autor!

Em comunidades espirituais mais adiantadas os médiuns - existem médiuns! - não sofrem essas pressões, porque o entendimento é mais dilatado sobre as possibilidades do Espírito imortal. A mediunidade é uma faculdade espiritual que está em franco desenvolvimento. Quanto mais cresce o desenvolvimento espiritual, mais aflorada e enriquecida de nuances se torna a mediunidade que coloca a alma humana em contato com outras esferas e outros seres.

*

Margarida, tão logo sentiu as forças voltarem, reassumiu o trabalho no orfanato com a intuição de que fora alvo de um auxílio do Alto e que lhe cabia o dever de preparar da melhor maneira a jovem Eulália para substituí-la. Entendeu a importância de juntar ao grupo da diretoria novos membros, elementos mais jovens e capazes, que funcionariam como uma enriquecedora transfusão de sangue novo. Essas intuições vinham de Miguel, um dos mentores que conduziam a instituição.

Como nada poderia acontecer sem o aval do pároco, ele foi a primeira pessoa a tomar conhecimento da sugestão e não opôs resistência às alterações propostas. Os filhos dos médicos Josué e Henriqueta mereciam toda a confiança e, assim como os pais, eram vistos como cidadãos de bem, pessoas confiáveis e respeitáveis.

À medida que trabalhava, a mediunidade de Eulália mais se expandia oferecendo segurança e entusiasmo ao grupo cristão-espírita que se fortalecia naquela cidade.

Não se surpreendam os leitores quando nos ouvem afirmar que somos um grupo cristão-espírita, colocando em primeiro lugar o vocábulo cristão. Jesus sempre esteve em primeiro lugar na obra da Codificação. Kardec no-lo apresentou como o maior modelo de perfeição que o plano terreno conheceu, demonstrando que não era intenção dele fundar uma religião à parte.

Os pressupostos que os Espíritos do Senhor revelaram na Doutrina nascente não foram reconhecidos pela Igreja porque essa não entendeu que o Mestre estava enviando o Consolador para o orbe inteiro, em cumprimento à milenar promessa expressa pelo evangelista João no capítulo 16, versículos 12-14 de seu Evangelho: "Muitas coisas ainda tenho a dizer-vos, mas não as podeis suportar agora. Quando vier o Advogado, o Espírito da Verdade, ensinar-vos-á toda a verdade porque não falará por si mesmo, mas dirá o que ouvir e anunciar-vos-á as coisas que virão. Ele me glorificará, porque receberá do que é meu e vo-lo anunciará".

Prestemos atenção: "anunciar-vos-á as coisas que virão. Ele me glorificará porque receberá do que é meu e vo-lo anunciará". O Espiritismo cumpre a promessa milenar de Jesus revelando coisas que desconhecemos. Fiquemos atentos: "O Espiritismo receberá do que é meu e vo-lo anunciará"! As revelações que o Espiritismo tem feito e haverá de fazer são mensagens que Jesus não pôde fazer no passado, mas agora que somos mais crescidos Ele nos tem enviado graças aos seus medianeiros.

Precisamos deixar de lado as vaidades pessoais, os personalismos e sentimentos de posse. A união dos cristãos é uma necessidade premente, para que ofereçamos ao mundo que ainda desconhece a figura de Jesus a sua face mais sublime, mais terna, mais sábia e verdadeira. Não incentivamos competição entre religiões por entender que todas deverão conduzir as almas para Deus. Deus é o grande foco que nos atrai. Jesus é o caminho que nos conduzirá aos braços paternos se formos obedientes aos mandamentos e orientações; se entendermos que um Pai se desdobra em atenções por todos os filhos, independentemente do sexo e da etnia, pois que somos todos suas criaturas, dispersas pelo globo que Ele criou e conduz com retidão.

Ao nos dizermos cristãos-espíritas estamos nos inserindo na proposta inicial de Jesus acrescida do cumprimento da promessa. Sensibiliza-nos assistir ao cumprimento de uma afirmação 19 séculos depois, confirmando que para Deus o tempo não existe e só pode ser medido em termos humanos, visto que a eternidade é um dos atributos divinos.

# 6.

# A Nova Realidade para Rosângela

— Vamos sair para dar uma volta e observar a realidade ao nosso redor – recomendou Estela a uma pessoa amiga, recém-chegada do plano físico por força da desencarnação. – Há alguns aspectos da colônia que podemos observar em conjunto.

Estela, moradora do plano espiritual há vários anos, fora encarregada por um dos mentores de introduzir Rosângela nos "segredos" do mundo espiritual a que fora conduzida depois de longa e cansativa enfermidade. Estela, quando habitante do plano físico, fora bisavó de Rosângela, mas seus caminhos se cruzaram por pouco tempo: podemos dizer que uma chegava enquanto a outra se preparava para partir. Os vínculos espirituais que as uniam vinham do passado de ambas e não se romperiam com o simples afastamento.

Rosângela cresceu, estudou, formou-se em Psiquiatria, profissão que exerceu apaixonadamente até o final da vida terrena. Portadora de inteligência lúcida e vibrante, era uma pessoa do bem; apegada, porém, ao lado material da existência, não deixava espaço para reflexões espirituais quando o assunto se encaminhasse nessa direção. Por diversas vezes os amigos ouviram-na repetir enfaticamente:

– Temos um corpo que a ciência estuda em suas manifestações. Não vemos a alma ou espírito, portanto não podemos afirmar que ele existe.

Os pais, religiosos quase fanáticos, viam manifestações espirituais em tudo e, desprovidos de conhecimentos acadêmicos, proferiam sentenças que mais confundiam do que esclareciam. Todas as ocorrências, para eles, eram expressões da vontade de Deus que, na prática, igualavam-se aos conceitos humanos de premiação e castigo.

– Um deus deveras castrador – ponderou João Marcos, companheiro que apresentamos nesta obra como sendo um bom colaborador.

– Ainda hoje, amigo, a humanidade precisa melhorar o juízo que faz de Deus, nosso criador. No início, povos muito primitivos adoravam como deuses os fenômenos da natureza que mais os impressionassem: vulcões, relâmpagos, trovões, tudo que demonstrasse força e poder. Era um período de total ignorância!

– Podemos imaginar, Luiz Sérgio, aqueles homens primitivos vagando pelas planícies povoadas pelos animais, despertando para a razão e se perguntando quem fez o fogo, quem fez a chuva e quem providenciou o crescimento das plantas... Era a época do politeísmo.

– Dá um bonito estudo, João Marcos. O ser humano sempre procurou o Autor da vida e do Universo, mesmo sem saber exatamente do que estava falando ou a quem estava se referindo. Após centenas de milhares de anos, com a mente mais evoluída, alguns povos atingiram a fase do monoteísmo (crença em um único Deus). Foi um grande passo para a humanidade, sempre conduzida pelas Mentes Siderais.

– Ainda era estranha a concepção de Deus, Luiz Sérgio. Acreditava-se em um deus que inspirava temor, que protegia os amigos enquanto combatia os inimigos, como se vê na literatura bíblica.

– Somente a ação esclarecedora de Jesus revelou-nos um Deus-único, Deus-Pai, Deus-Amor, razão pela qual Jesus não foi entendido por todos nem aceito por muitos que ainda preferiam o deus bíblico justiceiro e tendencioso, que tomava partido nas disputas e guerras, favorecendo alguns e prejudicando muitos.

O entendimento que temos hoje é totalmente diferente do que tivemos no início de nossa existência como espíritos. Jesus veio revelar o Deus-Pai e mostrou a imagem mais suave e luminosa desse Ser maravilhoso que envia o sol e a chuva para todos, independentemente de sua condição mental e espiritual.

O Espiritismo define Deus como Inteligência suprema que tudo criou e por ninguém foi criado, desfazendo o engano dos teólogos que o classificaram como uma trindade, por não compreenderem que a unicidade é o mais determinante dos atributos divinos.

O Espiritismo chegou aos homens terrenos com a missão de revelar as verdades que Jesus não pôde fazer em seu tempo, bem como clarear aquelas que não foram bem entendidas ou suficientemente bem interpretadas. A literatura espírita é rica de demonstrações, explicações e até de revelações. A falange da Verdade se esmera na condução do raciocínio humano para realidades que transcendem o cotidiano dos encarnados. Não deixa, porém, de ser uma literatura eminentemente cristã, moldada pelo pensamento de Jesus que recebeu de Deus a missão de conduzir a humanidade terrena ao apogeu do conhecimento e da santidade.

*

Em determinado momento interrompemos o interessante diálogo para atender ao chamado mental com caráter de urgência de um companheiro encarnado. Poderíamos ter encaminhado um substituto, mas entendemos que poderíamos retomar nossas reflexões depois de atender à insistente súplica.

Sempre que o problema envolve droga nosso nome é lembrado; em se tratando de jovem, nosso coração se condói e atendemos prontamente. Em outros tempos os pais sofriam muito com os desacertos dos filhos homens, mas atualmente homens e mulheres estão se equiparando nessa triste ocorrência.

Juliana e um grupo de amigos não voltaram para casa e o relógio marcava 6 horas da manhã no território dos encarnados. Os pais afligiram-se durante a noite, mas deram o tempo que julgaram necessário para que a turma voltasse para o lar. De manhã um policial bateu à porta anunciando o acidente que vitimou seis jovens, inclusive Juliana. Não houve fatalidades, felizmente, mas foi constatado um consumo exagerado de drogas e alcoólicos. Juliana, a motorista, estava visivelmente alcoolizada. Como todos se machucaram, estavam todos hospitalizados.

Olhando para João Marcos, que acompanhava meu raciocínio, questionei-o mentalmente:

– Que esperam os pais que façamos em favor de seus filhos, quando eles próprios se dão por vencidos nessa situação?

João Marcos demonstrou preocupação semelhante à minha quando ainda ligado aos "raiozinhos" de sol saíamos madrugada afora, procurando pelos jovens desgarrados da família para reconduzi-los ao lar, para o conforto e carinho da família.

Hoje temos outros afazeres e sei que novas equipes se ocupam da luta interminável contra a droga. Sempre que possível retorno ao mesmo campo de batalha, acompanhado de novos amigos e conselheiros, aguardando a erradicação desse mal detestável que destrói o corpo físico, a alma, a família e a sociedade que abriga esses irmãos infelizes.

Referindo-nos aos pais desesperados de Juliana, compreendi que esperavam um conselho da espiritualidade sobre o que deveriam fazer no caso que se estabeleceria: se deveriam contratar um excelente advogado capaz de "distorcer" os fatos para defender os jovens comprometidos ou deveriam aproveitar a oportunidade para deixar a filha entregue aos cuidados da lei terrena, para que criasse juízo a partir do susto que estaria levando?

Fizemos uma oração por todos os envolvidos, pais, filhos e autoridades, envolvendo-os em fluidos de serenidade e discernimento. Depois de recomendá-los à bondade do Mestre nos retiramos. A decisão a ser tomada só caberia a eles. Era assunto sério demais para que assumíssemos a responsabilidade de suas escolhas.

Temos seguido orientação superior em situações similares: fazer todo o bem possível e seguir nosso caminho, dando tempo ao encarnado para refletir e fazer a melhor opção aprovada pela consciência.

Tempos depois chegou ao nosso conhecimento que a postura do pai de Juliana foi muito firme. Ela respondeu diante da justiça terrena por sua participação na ação desajuizada. Parece que a atitude do pai produziu o efeito educativo que ele esperava. Os outros familiares envolvidos não tiveram opção senão assumir o mesmo comportamento radical.

*

A juventude tem modo próprio de pensar e nem sempre acolhe com simpatia as orientações paternas quando essas contrariam seus interesses. Os filhos são espíritos encarnados que trazem de outra vida uma bagagem que os compele para o bem ou para o mal, razão pela qual precisam da orientação firme e coerente dos pais.

É voz corrente no meio terreno que a família deve impor limites aos arroubos infantis e juvenis, mostrando o que se pode ou não fazer em benefício próprio e dos outros.

O lado positivo da educação seria o de realçar os valores trazidos em embrião pelas crianças, fazendo-os germinar e produzir os frutos da boa convivência, da solidariedade e da gentileza. Um ser imaturo não se educa sozinho; a ação educativa da família é fundamental e deve acompanhar toda a vida da criança até atingir a maioridade, quando deverá estar apta a gerir a própria vida fazendo as melhores escolhas e tomando as mais acertadas decisões.

O que se nota hoje na maioria das famílias é um vazio de religiosidade. Não nos referimos à religião, seja essa ou aquela, mas de noções precisas do bem e do mal, do certo e do errado, daquilo que promove o bem-estar social ou encaminha a sociedade para o caos. Os conceitos que citamos são objetivos visados pelos credos religiosos, mas o preconceito contra as religiões tem afastado um segmento ativo da população de admitir a prática religiosa. Isso, porém, não o exime do cumprimento dos deveres sociais de bom cidadão, de chefe exemplar de família, de profissional responsável e consciente, e, por extensão, de jovem ajuizado, estudioso, bom filho e bom amigo.

Como se pode ver, as leis humana e divina convergem para o mesmo fim, o de impor a ordem no domicílio terreno, proporcionando tranquilidade e segurança para todos os filhos de Deus.

Para interromper a sequência das expiações dolorosas em encarnações futuras, os moradores do plano terreno precisam se inteirar dos caminhos que devem seguir para adentrar o plano da regeneração.

Regenerar-se significa mudar os hábitos que devem ser aprimorados; abandonar os vícios e adquirir melhor entendimento das coisas que interessam ao espírito; respeitar os direitos do próximo; abster-se da corrupção, da maledicência, da agressão física e moral, enfim, viver a essência do Evangelho que prega o amor sem limites.

Se o indivíduo opta por frequentar determinada agremiação religiosa que o faça com alegria, pelo prazer da convivência fraterna. Se optar por não fazê-lo, que continue promovendo o amor, cumprindo a norma que Jesus recomendou.

*

Voltando à narração inicial, verificamos que os pais de Rosângela, malgrado toda a boa vontade, não conseguiram transmitir à filha uma ideia objetiva sobre Deus e sua real potencialidade. Os pensamentos irreais que eles passavam à jovem afastavam-na da realidade sobre Deus e da vida espiritual que a aguardava após o túmulo.

Ela era uma alma generosa, voltada para o bem da família e dos pacientes aos quais poderia ter sido mais útil se no seu íntimo não adormecessem tantos questionamentos. Do espaço, em uma formosa colônia, Estela acompanhava os acertos e desacertos de sua pupila, alma que ela adotou como protegida.

À noite, durante o descanso, ela se aproximava do leito de Rosângela e a convidava para um passeio, momento em que as almas amigas se confraternizavam e a bisneta recebia orientações proveitosas para a vida e o trabalho. Sem possuir a força mental necessária para reter as lembranças, ela se esquecia da conversa tão logo assumia a consciência. Voltando para as lutas diárias no consultório e na clínica, ela se refugiava nas explicações científicas materialistas que terminavam por eliminar qualquer resquício de lembrança das ocorrências noturnas.

Quando adoeceu, Rosângela entendeu a gravidade de sua situação. Podemos entender a solidão dessa alma que não tinha a quem recorrer na situação extrema da morte física. Será que tudo vai acabar? – perguntava-se a si mesma no silêncio da UTI. Os enfermeiros desdobraram-se em atendimentos e gentilezas; não podendo imaginar o drama íntimo por que passava a admirada psiquiatra, fizeram novenas de orações, que prepararam o ambiente astral da UTI para a visita de seres espirituais que a confortaram e no momento certo desligaram os cordões fluídicos.

Liberta do corpo denso, Rosângela foi conduzida ao plano espiritual por Estela e alguns assistentes, onde permaneceu em repouso pelo tempo necessário ao completo refazimento. Quando a recém-desencarnada abriu os olhos, encontrou o olhar sereno de Estela que sorriu ao vê-la e desejou-lhe um feliz regresso.

– Quem é a senhora? Nós nos conhecemos? – perguntou Rosângela, desconfiada.

– De longa data, minha filha. Fui sua bisavó durante a primeira infância, mas logo desencarnei. Acompanhei seu desenvolvimento, sua formatura, sua dedicação aos enfermos portadores de transtornos mentais. À noite procurava conversar com você em espírito. Pode me chamar de Estela!

– Quanta informação, Estela! Estou ficando atordoada!

– Descanse um pouco mais, minha filha, voltarei mais tarde para conversarmos demoradamente.

Durante vários encontros Rosângela foi atualizada sobre a vida no mundo dos espíritos, no qual ela própria não acreditava.

– Você se recusava a aceitar a ideia da continuidade da vida, minha neta, apesar dos esforços da família para esclarecê-la – falava Estela com renovada paciência.

– Não era uma recusa sistemática, Estela. Eu queria entender o que acontecia ao meu redor e só recebia informações da ciência, pelo menos eram informações que eu podia considerar válidas!

– Lembra-se do caso que você diagnosticou como esquizofrenia?

– Sim, entre muitos. No decorrer do tratamento comecei a acreditar que aquelas vozes que o jovem ouvia pudessem ser verdadeiras, tão reais pareciam ser a influência que provocavam. Os remédios, aos poucos, fizeram o efeito desejado e o paciente ficou curado quando as vozes desapareceram!

– Não, Rosângela, aquelas vozes eram de espíritos que foram por nós doutrinados e retirados da companhia do enfermo. Eles estavam sequiosos por vingança. Um dia você poderá conhecê-los pessoalmente.

– Aquele jovem não estava realmente doente?

– Da alma, sim. Do cérebro físico, não.

– Situação semelhante ocorreu muitas vezes? – perguntou a médica à sua orientadora espiritual.

– Por diversas vezes tivemos que estabelecer novos rumos aos tratamentos propostos pelos médicos. Sem que a equipe encarnada percebesse, analisávamos a situação e, dentro do possível, fazíamos sugestões mentais que os médicos mais sensíveis captavam e apresentavam como opinião própria.

– Às vezes discutíamos muito a respeito de certos casos e de certas curas que não entendíamos...

– A vaidade fala muito alto entre os médicos terrenos, minha neta, por isso em alguns casos achávamos mais produtivo intuir a família para adicionar algum suporte espiritual sem que os médicos se dessem conta. Quando uma melhora acentuada ocorria, era atribuída exclusivamente ao tratamento.

– Você considera, Estela, que as curas poderiam ser mais rápidas e definitivas se houvesse total integração entre as equipes terrena e espiritual?

– Reconheço que tal integração não poderia ser perfeita em um mundo tão imperfeito quanto o terreno, em que grande parte dos homens de ciência ignora a existência do fator espiritual e nem de longe suspeita desse maravilhoso intercâmbio. Aos poucos os homens irão adquirindo o que Jesus chamou de olhos para ver, quando a humanidade estiver mais regenerada e só então a qualidade de vida irá predominar em todo o plano terreno.

– Você se lembra, Estela, de outros casos em que a ajuda espiritual se fez presente, contrariando prognósticos lamentáveis para alguns pacientes? – perguntou a médica, realmente interessada em inteirar-se de casos difíceis vivenciados no plano físico.

– Inúmeras vezes fomos alertadas por mentores maiores que vítimas indefesas estavam prestes a ser internadas com recomendação de eletrochoque, porque espíritos maldosos conseguiram mascarar o diagnóstico médico com o fim único de maltratar e impor sofrimentos a quem julgavam ser os inimigos. Houve época em que manifestações mediúnicas eram entendidas como desordens mentais!

– Ah, Estela, sempre fui contra o uso desse recurso considerado extremo até entre os radicais. Muitas lesões permaneceram no cérebro físico após esse tratamento popularizado entre nós na primeira metade do século 20!

– A ciência precisava evoluir para o bem dos enfermos, das famílias, dos médicos e da sociedade em geral! Para ser retirado um medicamento, o bom senso sugere que outro possa substituí-lo, o que só ocorreu décadas depois!

*

Dia após dia, Estela conduziu Rosângela pelos pontos-chave da colônia, possibilitando que a médica tivesse o entendimento aberto para a realidade espiritual que ela se recusou a aceitar. Admirou-se da semelhança com o plano terreno, semelhança que ficava mais acentuada para uma pessoa que negava dentro de si uma existência tão concreta.

Rosângela observava os arranha-céus de belíssima arquitetura, os bosques, verdadeiros santuários de pássaros e animais silvestres. Aos poucos tomou conhecimento da riqueza dos meios de comunicação e de transporte, em tudo superiores ao que se vê no meio terreno. Por fim concluiu que a colônia onde se instalara, por mercê divina, era em tudo superior ao que ela havia conhecido nos largos anos de vida terrena, em uma cidade mediana com recursos razoáveis. Sentiu-se envergonhada pelo pouco que fez e, em um desabafo à bisavó, confidenciou a decepção que carregava consigo:

– Estou constrangida com minha precária atuação como psiquiatra. Havia tanto a fazer, tanto preconceito a derrubar, tanta oportunidade de estender a mão e desbravar novos conhecimentos, e o que fiz foi ficar plantada usufruindo do alto conceito dispensado aos médicos...

Nesse ponto Estela a interrompeu, evitando que uma confissão pesarosa de culpa encaminhasse sua pupila pelas vielas escuras da depressão. Com energia ela replicou:

– Sua missão não está terminada, minha querida, ainda há muito trabalho a ser feito!

– Aqui? Neste lugar paradisíaco não pode existir doença mental!

– Como não, Rosângela, se todos os problemas de saúde começam na mente? Você me acompanhará em visita a uma clínica especializada e encontrará vasto campo de trabalho quando estiver em condição. Estamos necessitando de mão de obra médica!

Uma visita foi agendada para um dia próximo; enquanto aguardava, a médica se fortalecia por meio da prece e de reflexões otimistas. Ao cair da tarde, antes de o sol se por, os pacientes se reuniam em amplo salão onde ouviam oportuno comentário sobre uma página do Evangelho. Rosângela teve oportunidade de conhecer pessoalmente uma alma iluminada que na última romagem terrena militou no seio da Igreja Romana, oferecendo os mais belos exemplos da caridade cristã. Sua simples presença causava forte impressão de luz e força, ocasião em que a médica deixou que lágrimas até ali reprimidas rolassem pelo rosto balsamizando-a por dentro.

Mais tarde, com Estela ela confidenciou:

– Ela levou uma vida de tanta penúria voluntária, doou-se integralmente à causa do bem e hoje pudemos vê-la tão enriquecida de luz!

– Ela comprova o que Jesus afirmou: "quem entesoura para si não é rico para Deus"! Talvez você não saiba que ela abandonou a fortuna da família para seguir o caminho religioso; fez voto de pobreza e tornou-se imensamente rica de dons espirituais.

– Nem todos têm que seguir o mesmo caminho, não é Estela?

– É verdade, minha neta. No Evangelho temos informação a respeito. Nem todos foram convidados a abandonar o mundo e seguir os passos do Mestre. Somente aqueles que estavam aptos e que tinham compromissos assumidos com Ele, como os apóstolos e alguns discípulos. Outros o seguiriam a distância, dividindo o tempo com responsabilidades familiares. Todos os que derem sua colaboração para a expansão do reino de Deus sobre a Terra receberão o cêntuplo nessa vida e garantirão a vida eterna. São promessas do Evangelho.

Rosângela aos poucos foi readquirindo o equilíbrio necessário para aderir à obra que se realizava na clínica médica da colônia, sob a responsabilidade de médicos criteriosos supervisionados pelo benemérito doutor Bezerra. Sua falange é enorme, comparada à grandeza e formosura de sua alma.

O contingente de enfermos com desequilíbrio emocional era de tamanho significativo. Rosângela, surpresa, identificou pessoas que receberam cuidados médicos na terra e que desencarnaram sem demonstrar uma cura completa. De imediato ela entendeu que poderia ser útil a essas almas ainda perturbadas, que chegaram ao mundo dos espíritos carecendo de tratamento suplementar.

– O senhor por aqui, amigo Guilherme? – disse a um paciente, estendendo-lhe a mão.

– Ora, doutora, ainda sinto a opressão no peito que há anos me angustia; a senhora não se lembra mais? Morri e ainda me sinto doente. Na Terra ouvia dizer que era moléstia da alma, agora tenho certeza disso.

– Vamos retomar o tratamento em outros moldes, meu amigo. Você ficará bom com certeza.

Em pouco tempo a médica viu-se cercada por numerosos pacientes que não estavam internados, mas compareciam em horários agendados para reavaliação e reorientação. Não havia casos que exigissem isolamento do doente. Eram enfermos que carregavam sequelas de transtornos psíquicos que não foram totalmente resolvidos.

Rosângela integrou o quadro de médicos tão logo se sentiu preparada, pois é sabido que a medicina do Além exige algo mais que o profissional encarnado ainda não teve condição de desenvolver: visão mais lúcida, equilíbrio emocional estável, conhecimentos mais apurados. O fator determinante para o seu bom desempenho é o senso moral elevado e o sentimento de amor ao próximo bastante aflorado.

Aqueles que a identificaram no plano terreno demonstraram respeito e consideração. Nas entrevistas individuais mantinham um contato alegre, falavam das novas experiências e aos poucos iam se desintoxicando dos miasmas terrenos. A melhora era visível aos olhos observadores de Estela que fazia referências favoráveis ao humor dos pacientes e da médica também. Era um benefício recíproco.

Pode parecer estranho referirmo-nos, no mundo espiritual, aos desacertos emocionais ocorridos no plano físico. Pensam, enganosamente, os irmãos encarnados, que a morte do corpo zera a contabilidade e que no Além chegam os espíritos prontos ao recomeço como se tivessem saldado todos os débitos. Não é assim. A vida é um ato contínuo; do mundo espiritual ao terreno e deste ao espiritual é sempre o mesmo ser que está em evolução, aprendendo com acertos e erros, buscando aperfeiçoar-se e corrigir o que ficou defasado em algum momento de sua história individual.

Se os erros não deixassem marcas que acompanham o ser humano, os acertos, o aprendizado, a evolução, em suma, ficariam invalidados também.

As noções de religiosidade precisam ampliar-se ao ponto de abranger informações mais precisas sobre a vida no Além, para que homens e mulheres entendam a preciosidade de uma vida virtuosa que promoverá uma existência feliz no outro plano da existência, sem recorrer às antiquadas fórmulas de premiação e castigo por parte de uma divindade que por vezes se nos apresenta como um ser cruel, desprovido de compaixão, quando condena ao castigo eterno a criatura ignorante que pecou em um momento de cegueira espiritual.

Temos dito que Deus é um Pai bondoso e magnânimo, que não premia nem castiga. É o cumprimento das Leis divinas que felicita a criatura; é o seu descumprimento que o lança na contradição do pecado: tendo sido criado para o bem, sua estrutura psicológica só se harmoniza com a prática do bem, longe do qual surgem as distonias, as neuroses e as psicopatias.

*

O sorriso espontâneo de Rosângela exprimia seu contentamento à medida que resgatava a autoconfiança e acalmava a cobrança da consciência. Os poucos pacientes que a conheciam forneceram referências elogiosas aos demais, criando um clima de satisfação e otimismo que preparava o terreno espiritual para a verdadeira cura.

Foi assim com Guilherme, o adulto portador do sintoma de hipocondria, que esqueceu os seus males enquanto assessorava a boa médica como se fosse um eficiente secretário. Pessoas deprimidas, que cultivavam um estado de humor doentio, tomaram a iniciativa de se reunirem uma vez mais durante o mês na biblioteca para leitura de livros motivadores que favorecessem a dramatização. Logo estava formado um interessante grupo de teatro amador na colônia. A médica deu o empurrão inicial, coadjuvada na sequência por jovens felizes orientados por adultos competentes.

Casos de inibição sexual foram tratados com medicação quando se fez necessário, com psicoterapia quando foi a melhor indicação, visando sempre ao bem-estar espiritual dos irmãos que desejavam a aceitação do grupo, mas não haviam conseguido, ainda, aceitarem-se a si próprios. Harmonizados intimamente deram prosseguimento às suas vidas, dentro de seus valores e opções.

O preconceito, quando se manifesta, é esclarecido e aos poucos desaparece. Este é ainda um desafio no mundo espiritual: a convivência harmoniosa e produtiva entre os seres que demonstrem diferença de postura, visto que o comportamento perfeito é um objetivo distante de ser atingido pela criatura humana, tanto no plano terreno como em territórios adjacentes.

Paulo – evidentemente trocamos o nome – chegou ao mundo espiritual com dificuldade de identificação sexual. Quando encarnado optou pela mudança cirúrgica do sexo, mas ao desencarnar, que surpresa! – possuía o sexo que havia levado ao mundo terreno. Inconformado, passou por um longo tratamento que visava esclarecê-lo.

– Mas eu não modifiquei minha aparência sexual, doutor?

– Fisicamente, sim, meu amigo. Mas seu corpo espiritual continuou da forma "original".

– Vejo que terei de enfrentar a mesma situação da qual fugi na Terra. Que farei?

Paulo apenas adiou o seu aprendizado. Compareceu ao mundo espiritual com a forma masculina à qual terá que se sujeitar. Por ser assunto íntimo de grande relevância recebeu o melhor atendimento, as mais amplas explicações, e em seu tratamento foram aplicados os melhores recursos terapêuticos disponíveis.

Pudemos observá-lo e ficamos felizes quando o vimos mais seguro, certo de que entendeu o "motivo" de sua dificuldade e não se deixará perturbar por esse aspecto de sua intimidade. Cursou Enfermagem e é um excelente profissional; atende os enfermos com determinação e solicitude.

Há situações que não têm solução rápida; exigem tempo, esforço e reformulação de valores. Quando a pessoa, encarnada ou desencarnada, entende o dinamismo da vida e se propõe trabalhar em benefício de si mesma, as coisas ficam mais fáceis.

Como tenho frisado em outras obras, nada consegue fazer o plano espiritual para auxiliar as criaturas se essas não tomarem a iniciativa da busca de solução.

*

Por ocasião da reencarnação o espírito se serve do perispírito como molde ou modelo para o corpo de carne que estará em gestação. Falta à ciência terrena desvendar o mistério da vida que se desenvolve no útero materno desde o instante da fecundação do óvulo até o momento em que, o feto pronto, esteja capacitado a vir à luz e trilhar uma nova trajetória no domicílio terreno.

Esclarece-nos a Doutrina Espírita, por revelação dos Espíritos Superiores, que o espírito é uma chama imortal que precede a formação corpórea e ao corpo se liga pelo perispírito, laço de união entre o espírito e a matéria.

O perispírito é o molde sobre o qual se organiza o corpo de carne; depreende-se dessa afirmação que o estado de saúde do nascituro está na dependência direta do bom estado do perispírito; o sexo também.

Quando um corpo revela anomalias congênitas, deduzimos que o perispírito em questão estava lesionado desde o instante da concepção e exterioriza dificuldades que trouxe consigo, mas que poderão ser sanadas no curto estágio terreno. A maior parte das disfunções orgânicas de pequeno porte poderá ser corrigida pelo próprio esforço de viver, auxiliado pelo suporte que a medicina terrena oferece. Somente traumas com raízes muito profundas poderão requerer continuidade de tratamento em esferas espirituais mais bem preparadas, com possível retorno ao plano físico para sedimentar uma cura definitiva.

A situação é complexa, pensarão alguns leitores. Concordamos que a evolução exige esforço concentrado e contínuo. Jesus, sábio e generoso por excelência, preveniu-nos contra as consequências da prática do mal. Por diversas vezes nos falou que o pecado é gerador de enfermidades; que o mal praticado pode lançar o pecador em situação de sofrimento até que seja paga toda a dívida.

Desde a revelação do Sinai milhares de anos se passaram e o homem terreno evoluiu pequena porcentagem de tudo o que poderia. Vieram mais profetas, veio Jesus, o mensageiro do amor, e agora temos os ensinamentos claros e aprofundados do Espiritismo, dizendo que os pais não são culpados pelos aleijões e outros defeitos de nascença que afetam as crianças, porque o homem é herdeiro de si mesmo, de sua carga genética saudável ou doentia e que pode alcançar a cura mediante uma ou mais encarnações.

Após o desenlace físico a criatura encontrará a felicidade que plantou ao seguir as diretrizes divinas – então dir-se-á que adentrou o paraíso. Encontrará, em situação inversa, as consequências danosas do desrespeito às leis divinas e sentir-se-á infeliz e desorientado – não para sempre –, mas até o momento em que abra o entendimento e dê início ao processo de regeneração pessoal.

Deus, compassivo e misericordioso, sabe esperar pelo momento em que os filhos pródigos façam o retorno à casa paterna. A demora pode ser milenar, mas não será eterna, pois a generosidade divina excede sempre nossa frágil capacidade de compreensão.

*

Dona Mariana, uma residente de nossa colônia também chamada carinhosamente por avó Mariana, alternava momento de completa lucidez por outros de ausência quase total. Eram resquícios de um estado de demência que a acompanhou nos últimos anos de vida terrena, que a dedicação dos filhos e dos médicos não conseguiu curar definitivamente.

Sendo o cérebro uma glândula, ele pode deixar de fornecer, por causa desconhecida no meio terreno, um de seus muitos hormônios e a personalidade se ressente. A reposição dessas substâncias não é feita com sucesso total no plano físico, porque as engrenagens mentais ainda não são totalmente conhecidas.

No mundo espiritual o sucesso é garantido, mas a rapidez da conquista depende muito do caráter da pessoa e de outros comprometimentos que ela possa trazer de permeio. Podemos explicar assim: uma pessoa muito medrosa, muito insegura, terá dificuldade para acreditar em si própria e retardará o processo de cura.

A mente humana é complexa e por vezes alimenta pensamentos e sentimentos que precisam de reorientação, sem necessidade de remédios. A conjugação de alguns fatores como o tempo, a conversa franca e animadora, as sessões de psicoterapia vão fortalecendo o espírito que se torna mais "presente" e senhor, comandando os processos mentais. No momento em que a criatura desencarnada se sentir plenamente segura não mais retornará ao estado anterior. Há tratamentos especializados no mundo espiritual, por ser uma situação muito frequente entre os desencarnados.

Avó Mariana está conseguindo um maior domínio sobre a estrutura mental desde que os médicos aplicaram um reforço interessante ao tratamento. Ela foi incumbida e aceitou com entusiasmo cuidar de crianças em uma ala infantil de certo educandário. Ela não fica sozinha, é supervisionada de longe por uma profissional da área da saúde, que anota as atitudes da avó quando se ocupa do bem-estar das crianças que ela identifica pelo nome e a quem faz pequenos atendimentos.

Essa integração saúde *versus* educação é possível em nosso plano, assim como outras atitudes que não são vistas na Terra por motivos óbvios. As pessoas idosas muitas vezes são privadas da companhia de jovens e crianças a quem poderiam ser de alguma ajuda, porque são encaminhadas para outros aprendizados em academias e estudos extracurriculares, em uma fase em que o cérebro idoso fica carente de solicitação e, quando não solicitado, se retrai em suas funções. São peculiaridades da vida moderna, compreendemos, mas lembramos que no passado as famílias que davam alguma atividade para seus membros idosos estavam colaborando para o exercício de seus neurônios e sua sanidade mental! Em contrapartida os netinhos usufruíam de um quinhão extra de carinho!

O idoso sofre ao perceber suas deficiências e, para não ser pesado, se retrai, contribuindo para aumentar a insegurança que poderá levá-lo ao alheamento final. Não ousamos afirmar que esta seja uma regra geral que atinja todos os encarnados que tenham a felicidade de uma vida longa. É preciso ter um substrato orgânico e espiritual que propiciem e mantenham essa situação, que depois de deflagrada se torna irreversível no plano físico, pois a ela se associam outros fatores degenerativos.

Mariana, aos poucos, foi criando vínculos com a nova realidade bastante prazerosa para ela; aos poucos foi recuperando os elos perdidos de sua memória. Ao perceber que suas lembranças são corretas sente-se gratificada e nova luz se acende dentro de sua estrutura mental.

Se lhe for dada a oportunidade de enviar uma mensagem à família encarnada, por meio da psicografia, um bem enorme lhe será feito, pois ela irá buscar no setor profundo do subconsciente a lembrança mais feliz para relatar para os entes queridos.

*

Isidoro chegou ao mundo espiritual depois de longa agonia, período em que perdeu contato com a realidade ao redor. Abatido pela ausência da companheira que desencarnou alguns meses antes, passou a amargar um profundo sentimento de pesar e tristeza ao qual se entregou de corpo e alma, desiludido e solitário.

Os filhos nada de material deixavam que lhe faltasse, mas envolvidos com o trabalho e com a própria família deixaram o idoso entregue a si mesmo e às lembranças às quais se agarrava como uma tábua de salvação.

O coração cansado revelava toda a fadiga acumulada até que, em uma madrugada, silenciou para não mais pulsar na vida terrena. Desencarnou sozinho, da forma como tinha permanecido nos últimos meses de vida.

Em uma clínica espiritual onde foi recolhido em estado de inconsciência, os médicos esperaram o momento ideal para oferecer a Isidoro o tratamento de choque que o tiraria da prostração. Enquanto aguardava, enfermeiros prestimosos cuidavam da sua higiene e ofereciam-lhe a água magnetizada e os caldos reconfortantes que restabelecem a energia dos espíritos que adentram a nova esfera vibratória.

Isidoro recebia o tratamento com indiferença, pondo em evidência a depressão que se lhe imantou na alma. O coração, porém, estava mais forte, batia com regularidade, e os médicos entenderam que o velho senhor podia passar pela surpresa que a vida lhe preparara. Foi assim que em um começo de tarde, com a energia solar aquecendo o recinto, o médico sorridente entrou no quarto fazendo-se acompanhar por elegante senhora que demonstrava no semblante os traços de uma madureza serena, e que foi ao seu encontro saudando-o em voz pausada e mansa:

– Isidoro, meu querido companheiro!

O velho senhor sentou-se rapidamente na cama, ajeitou a indumentária e rompendo tanto tempo de silêncio quase gritou:

– Gumercinda, amor de minha vida! – Levantou-se e a abraçou com força.

– Calma, querido. Não precisa me envolver com tanta força, porque agora não nos perderemos mais um do outro. Caminharemos unidos, trabalharemos juntos, construiremos um ninho de amor bem mais perfeito e duradouro do que aquele que formamos na Terra.

Estreitando o marido enfraquecido junto ao coração, a esposa enxugava as lágrimas que teimavam em correr pela face da alma querida, em uma promessa de amor eterno.

Dias depois, Isidoro e esposa partiram para nova residência, agradecidos a Deus pelo dom da vida após a morte do corpo.

Tanto sofrimento seria desnecessário se ele tivesse conhecimento das verdades espirituais ainda no plano físico; se não tivesse se entregado ao excesso de tristeza diante do falecimento da esposa; se os familiares tivessem ficado atentos às carências emocionais de um homem idoso, desprovido de força física e psicológica para encarar a vida de solidão.

Em reflexões desse gênero é impossível deixar de lembrar os axiomas evangélicos que recomendam amar o próximo, principalmente em se tratando de pai e mãe, que devem ser honrados no período da velhice, quando as forças lhes faltam e o lar se esvazia da presença calorosa dos filhos, dos netos e até dos amigos. Essa é a hora da verdadeira fraternidade, de demonstrar os valores aprendidos em família, célula importante da sociedade terrena.

Isidoro e Gumercinda eram almas afins, em convívio harmonioso há vários séculos, ora como par amoroso, ou como pai e filha ou mesmo como irmãos. O amor entre pessoas assim vai se solidificando, o que não justifica a fragilidade de Isidoro diante da adversidade. Faltou-lhe o alicerce da resignação e talvez da religiosidade que confirma que a vida continua sempre.

Nem todos os casais terrenos se destinam à continuidade da experiência matrimonial após a desencarnação. Tudo depende de certas circunstâncias. Precisam estar presentes o afeto, o sentimento de companheirismo, o objetivo comum para a vida a seguir. A experiência terrena pode não ter continuidade no espaço.

*

A realidade espiritual que aguarda os encarnados após a desencarnação não é fundamentalmente oposta ou diversa da realidade que se vive no plano terreno. Temos enfatizado essa verdade, pois a maior parte do sofrimento psicológico dos pacientes terminais, quando tomam ciência de sua situação, provém do desconhecimento do que os espera para além desta vida, quando seus olhos se fecharem para o mundo sólido e consistente em que viveram, amaram e construíram seus sonhos, talvez suas fantasias.

Entender o dinamismo da vida física e a possibilidade de continuar vivo com outro corpo (o corpo espiritual) em outro mundo (mundo espiritual), do qual o mundo terreno é uma cópia muito imperfeita, dará ao homem e à mulher maior segurança na hora do desenlace. Eles serão poupados de traumas adicionais que não fazem parte da proposta divina.

Para o Pai esse momento seria de repouso e tranquilidade, seria a consagração da vitória do trabalhador fiel que cumpriu os seus projetos e voltou para a casa paterna para alojar-se em uma de suas moradas. A mudança de domicílio não ofereceria sobressaltos e, por falta de informação, não veríamos tantos irmãos perdidos, confusos e avessos a qualquer aproximação socorrista.

A demência muitas vezes se apossa dessas almas despreparadas que passaram pela vida material sem cogitar que fossem templo de um espírito eterno. Ao se verem desalojadas do corpo com o qual se identificavam e do lar onde habitavam, sentem-se enlouquecer, o que aconteceria de fato se em seu socorro não viessem os trabalhadores espirituais. Esses, quando se aproximam, são considerados como alucinações pelos recém-desencarnados, que dão um trabalho considerável aos socorristas que os querem arrebanhar e conduzir às esferas adequadas onde são colocados para dormir, visto que em tais condições mentais só uma prolongada sonoterapia pode reconduzir ao equilíbrio perdido.

Em uma segunda etapa esses "enfermos" têm arrefecidas as lembranças passadas, para que novas percepções reconstruam-lhes o consciente. Mais calmos e lúcidos eles são introduzidos às reflexões e estudos que lhes mostram a beleza da nova realidade, onde não há morte, existe apenas mudança vibracional.

Tamanho desgaste será evitado com a instrução dos espíritos ainda na vida física. A criança, desde tenra idade, pode saber de sua origem espiritual e de sua volta, um dia, ao mundo que a aguarda. Ela entenderá com naturalidade se a família não esperar o momento repleto de emoção da morte de um parente para colocá-la a par da verdade.

Quando os postulados cristãos-espíritas se expandirem no solo terreno, a humanidade encarnada será mais responsável e mais feliz. Mais feliz porque saberá que a morte, de fato, é apenas uma separação necessária, mas temporária; mais responsável porque, ao entender que há uma vida na sequência desta, as pessoas controlarão mais o seu gênio e seus ímpetos de agressividade; serão mais fraternas e mais amigas, porque entenderão que em outro mundo poderão reencontrar pessoas conhecidas.

A ideia de que tudo termina no túmulo é um fator que deseduca o ser humano. Ele acha que tudo pode fazer em benefício próprio, incentivando o egoísmo que só visa ao lucro fácil, conquistado de forma honesta ou corrupta, pouco importa, pois "se a vida é curta é preciso aproveitá-la ao máximo, do jeito que for possível".

O Espiritismo esclarece a humanidade procurando libertá-la do jugo das ideias errôneas que vigem no meio social e encontram guarida na mente dos seres que se acomodam e se comprazem diante das facilidades, sem fazer questionamentos.

Com relativa frequência ouvimos exclamações admiradas de pessoas afeitas às práticas religiosas, que se escandalizam frente ao atual estado de desagregação dos valores morais, éticos e sociais por que passa a sociedade dos tempos modernos. "No meu tempo não era assim" - dizem alguns. "Os seres humanos estão cada vez piores" - exclamam outros.

Não é bem assim, esclarece a lúcida doutrina de Kardec. Os espíritos, estejam na carne ou fora dela, não retrocedem nas aquisições morais ou intelectuais conquistadas. O que de fato acontece é a sucessão de espíritos que reencarnam portando bagagem espiritual diferente e se misturam à massa dos encarnados para melhorar o seu padrão e adquirir conhecimentos.

Portadores de moral duvidosa, de falta de fé, sem objetivos dignos na vida, eles necessitam de reorientação da conduta por meio do recebimento de estímulos para o bem. São verdadeiras crianças espirituais carecendo da educação dos mais velhos a quem perturbam a tranquilidade quando não recebem o devido encaminhamento.

É preciso que se lembre que a situação social difícil teve um início mais sutil em que não se ficou atento às necessidades básicas e fundamentais do ser humano, na qual a educação deveria comparecer como condição de sobrevivência e de formação para o trabalho, ao lado de disciplina sólida e coerente com os princípios dos direitos humanos.

Concluindo esse raciocínio, afirmamos que gerações diferentes de espíritos se alternam em sua vinda ao plano terreno, algumas mais bem preparadas, outras com menor burilamento, e não há nada estranho nessa dinâmica divina, pois o homem deve colaborar para o aperfeiçoamento de outros homens, enquanto ele próprio aperfeiçoa os talentos que recebeu do Senhor.

*

Renata é uma pessoa que serve de exemplo para o tema que enfocamos. Nascida em uma comunidade da periferia, filha de uma lavadeira e de um esforçado pedreiro, conviveu desde cedo com pessoas de diferentes padrões morais. Havia pessoas de bem na vizinhança, que quase sempre se deixavam intimidar pelos marginais que sorrateiramente se infiltravam no meio dos bons.

Desde cedo Renata demonstrou pendores artísticos. Nas festas escolares era escolhida para dançar, cantar e declamar. Dona Deolinda, a mãe, esforçava-se ao máximo para subtrair a família da influência perniciosa reinante e não perdia a filha de vista em nenhuma situação.

Entendemos que não era necessário o excesso de preocupação, pois a menina era um espírito afeito ao bem, forte e determinado a fugir de todas as tentações. Ela reencarnara com o propósito de ajudar a família e amigos com quem convivera em encarnações passadas a melhorar de condição espiritual, trabalhando, estudando, rompendo todas as barreiras impostas pela pobreza.

Na infância aparentou ser uma criança frágil, mas a grandeza interior se revelaria após a adolescência quando os espíritos costumam revelar de forma inequívoca a bagagem que trouxeram de outras vidas.

Renata não aderiu aos desmandos juvenis, não se juntou aos companheiros que experimentaram droga. De temperamento reservado e com o estímulo dos pais que lhe compraram um computador, mergulhou no mundo dos estudos e só descansou quando obteve o diploma universitário.

Como assistente social, dedicou-se às obras beneméritas de uma igreja cristã chamando a atenção das autoridades para os riscos que a juventude correria com a perigosa infiltração de marginais em suas fileiras. De forma discreta, a comunidade se viu protegida por uma teia salutar de ações de educação, esporte e lazer, afugentando de uma vez por todas os elementos que não tivessem afinidade com ações do bem.

A essa altura Renata não estava mais só; ao seu redor uniram-se espíritos afins, comprometidos com a mesma causa, que construíram a própria felicidade no ato de gerar alegria ao redor e promover o bem-estar social.

Essa jovem é um modelo de quem não se deixou contaminar pelo mal reinante e, durante a vida, enriqueceu a família e a comunidade com a força do seu espírito empreendedor.

Deus, como pai previdente, manifesta o seu amor colocando no mundo físico, lado a lado, companheiros com alcance diferente, para que sirvam de modelo uns para os outros para que se auxiliem e se estimulem. Essa situação não pode ocorrer nos mundos espirituais onde os espíritos se reúnem atraídos por afinidade. É o plano físico, mais grosseiro, que pode abrigar almas heterogêneas. Somente na crosta terrena podem-se observar seres agressivos em estreita convivência com seres mais delicados e moralizados, afeitos ao bem. Esse raciocínio aplica-se, de certa forma, às demais esferas espirituais. O superior sempre pode "descer" para auxiliar, enquanto o inferior fica restrito à própria condição.

Podemos exemplificar: um espírito comum não pode circular no plano que abriga espíritos do nível de Francisco de Assis, mas esse grandioso espírito pode circular pelos planos inferiores, em caráter de visita ou de trabalho.

O mundo terreno é um recurso criado por Deus para a educação e aprimoramento dos espíritos. Aqui se encontram também almas em resgate de culpa e em convalescença. Que poderiam fazer sozinhas, se o Pai não colocasse ao seu lado irmãos mais bem preparados que oferecessem o exemplo necessário, enquanto aprimoram a si mesmos? Sempre, e em toda parte do Universo, podemos louvar a sabedoria do Pai e agradecer sua excelsa generosidade!

*

Renata, ao demonstrar pendores artísticos inatos, denunciava que em vidas passadas havia convivido em ambientes mais requintados, nos quais adquiriu uma cultura sólida, condizente com outro meio social.

Por que estava renascida nesse local desprestigiado do meio terreno? Seria por falta de méritos? Fica claro que não. Ela é uma dessas almas que se sacrificam por amor à família e que no planejamento que antecede a reencarnação abrem mão de certos privilégios para juntar-se às pessoas queridas devedoras da Lei Divina.

Dessa forma Renata enriquecia o grupo afim com sua experiência e, diante das maiores dificuldades, buscava força e inspiração dentro de si, não se afligindo nem se atemorizando em demasia. Fato semelhante ocorre quando se vê despontar líderes capazes e otimistas que rompem as barreiras da pobreza e do anonimato e impõem mudanças sociais por vezes assombrosas, que promovem o desejável progresso.

Sempre encontraremos no plano dos encarnados grupos mais experientes que agem como motivadores do progresso, ao lado de almas ingênuas que precisam ser lideradas porque lhes falta o conhecimento não adquirido no percurso evolutivo.

Essa situação é natural e está nos planos divinos, como tivemos oportunidade de frisar anteriormente: o forte deve proteger o fraco e o mais inteligente, amparar o mais limitado mentalmente, oferecendo-lhe o impulso necessário para crescer e evoluir.

Só a rebeldia realmente atrapalha o progresso da humanidade e tem origem na imperfeição dos espíritos que habitam o plano físico, sem a necessária compreensão das coisas espirituais. A esse grupo de espíritos se destina o esforço da evangelização que visa ao despertamento da consciência, que em alguns indivíduos se encontra no estado de sono e em outros ainda dormita, ameaçando despertar.

Quando a maioria dos moradores terrenos se unir com o mesmo pensamento, o mesmo objetivo e o mesmo sentimento, formará uma corrente forte e coesa capaz de influenciar os demais e arrastá-los pelas veredas luminosas da vivência evangélica.

História semelhante à de Renata é a de Cristiane, moradora da periferia de uma cidade próspera do Nordeste brasileiro. Desde o berço a menina revelava um temperamento vivo e indócil, dando trabalho à mãe ou a qualquer pessoa que lhe servisse de babá. Era muita vivacidade em um corpo minúsculo, dotado de energia que se exteriorizava em gritos e resmungos quando era contrariada.

Os pais precisavam disciplinar o espírito inquieto da menina nos primeiros anos de vida. Por serem pobres, assumiram eles próprios o papel de educadores na fase pré-escolar, escolhendo atividades que gastassem um pouco da energia abundante.

Cristiane não era um espírito que veio ao mundo para auxiliar o meio social, tampouco a própria família. Veio em ambiente carente para abrandar o temperamento rebelde, caso em que poderia ser útil, porque seus recursos mentais eram suficientes, só necessitando de bom direcionamento.

É voz corrente no meio terreno uma afirmação com a qual discordamos literalmente: "Deus dá asas a quem não sabe voar". Antes, nós diríamos: recebemos asas (dons) de Deus para com elas trabalhar e nos desenvolver espiritualmente. As dificuldades aguçam nossas percepções, retiram-nos do comodismo e testam nossa capacidade de encarar os desafios.

Todas as criaturas, ao reencarnar, encontram o terreno propício para o desenvolvimento das potencialidades; desde o espírito mais empobrecido de aquisições até o mais enriquecido, todos vêm ao mundo para completar o aprendizado e para enriquecer a mente. No princípio as aquisições mentais foram bem pequenas e restritas; com o decorrer do tempo e a evolução da consciência, o ser racional se distanciou da precária condição de animalidade e busca, desde então, se impor no meio terreno com a força da inteligência e da razão.

Cada criatura reage aos acontecimentos aplicando estímulos pessoais, cada uma de acordo com seu modo de pensar e de agir; no íntimo todas estão evoluindo porque estão recebendo do Alto os estímulos adequados para a evolução.

Cada ser receberá segundo as suas obras, adiantou-nos Jesus; cada um colherá na medida do que plantar; todos obterão, da generosidade divina, o retorno percentual de 20, 30 ou cem por cento, coroando os esforços empregados na aquisição dos talentos.

Cristiane, por diversas vezes, lamentou não ter nascido em berço favorecido financeiramente. Se quiser melhorar de vida terá que trabalhar e não lhe sobrará tempo para futilidades. Precisará de educação esmerada, que os pais cuidadosos se esforçarão para lhe proporcionar.

*

Deus não desampara os filhos, ouvimos com frequência essa afirmação. Ele não sobrecarregaria uma criatura com dificuldades insuperáveis, além de suas forças. Quando estamos para reencarnar, tratando-se de reencarnação planejada, reunimo-nos com os guias espirituais que nos auxiliam a traçar um bom roteiro iluminativo. Mais experientes, eles nos impedem de fazer programações "mirabolantes" que excedam nossa capacidade de realização. O plano tem que ser viável, por mais singela que seja a experiência programada.

Quando se trata da encarnação de grandes espíritos que planejam obras que afetarão milhares de pessoas, como grandes cientistas ou missionários, um número grande de trabalhadores da espiritualidade se une para providenciar os recursos necessários ao sucesso do reencarnante no que se refere à saúde, ao preparo intelectual e ao equilíbrio emocional dele e dos indivíduos mais próximos. Se alguém falhar dentro dessa engrenagem, será forçoso substituí-lo para que a obra não sofra solução de continuidade.

As grandes almas encarnadas sofrem pressões externas muito fortes porque contrariam interesses menores de espíritos desvinculados da obra amorosa do Mestre. Por outro lado, tais missionários são confortados de maneiras sutis e silenciosas pelos guias espirituais da humanidade que se interessam pelo progresso dos homens.

Em uma grande causa, se um elo da corrente se revelar incompetente será substituído por outro, que estará disponível e preparado para oferecer suporte. No final a obra não perecerá.

No plano individual, quando se trata de uma relação familiar, a substituição plena do membro faltoso é quase impossível. Quem substituirá, a contento, um esposo ou esposa negligentes que se negam ao esforço para a criação e educação dos filhos, por exemplo? Não ficará sempre um sentimento de vazio nas almas a quem deveriam conduzir e com quem deveriam conviver? A sociedade não se ressentirá com a ausência de membros mais felizes e prestativos que sairiam dessas uniões familiares estáveis, prontos para exercer um trabalho de realce dentro dos diferentes setores da vida econômica e científica? Uma coletividade não se ressentirá quando faltar o bom administrador que se desviou do caminho antes que pudesse colaborar para o progresso do meio ambiente?

De diversas maneiras se formam os carmas que exigirão reajuste em futura encarnação. O faltoso sempre terá que voltar ao ponto de origem para cumprir a promessa que fez, embora o faça de outra maneira, porque o tempo não para e as necessidades quando não são supridas aumentam de intensidade.

Conhecemos Leonel, excelente companheiro na espiritualidade, que certa vez fez um desabafo muito sério a respeito da situação de um familiar que estava aflito em vias de reencarnar e procurava assegurar auxílio diante dos futuros problemas que enfrentaria com certeza.

Na mais recente encarnação, ele viera como filho de um modesto alfaiate, mas teria condição satisfatória para galgar invejável posição social desde que conjugasse esforço e trabalho. Em tal condição deveria auxiliar o lado pobre da comunidade em que vivia com os pais. Na posição de político bem-sucedido, faria investimentos na infraestrutura do lugarejo, construindo, saneando, tornando a vida da população mais saudável e progressista.

Após os primeiros sucessos, quando foi eleito para o cargo de administrador público, considerou que o sacrifício era grande diante do muito a realizar e se intimidou. Com os olhos voltados para o interesse material optou por um cargo no legislativo federal e distanciou-se por completo do compromisso assumido para a reencarnação.

Nenhuma facilidade de ascensão social bateu por acaso às suas portas; fazia parte do "contrato" assumido segundo o qual ele se esforçaria para conduzir o bairro pobre e quase esquecido ao progresso satisfatório na sua época. Lembramos que naquele bairro residiam almas conhecidas do passado, que estavam em fase de harmonização.

Porque se envaideceu e acomodou-se à fama e prestígio esqueceu o combinado. Perto dos 50 anos de idade desencarnou em um acidente e agora, várias décadas depois, estava em vias de regressar. Como seus antecedentes espirituais se prendessem ao desprestigiado vilarejo, ele deveria renascer no mesmo local e encontraria boa parte da tarefa por fazer, passado quase um século!

Não se trata de penalidade imposta por Deus, nosso Pai, mas de uma consequência natural, pois os espíritos são atraídos para os locais com os quais mantêm afinidade. No meio terreno tem sido dito que "o criminoso sempre volta ao local do delito". Sem tecer maiores considerações, diremos que estamos de certa forma imantados aos lugares de nossa convivência.

Jorge, esse familiar de Leonel, elegeria se pudesse outro local para nascer, mas está preso pela circunstância. Os futuros pais residem na mesma cidade que ainda é pobre de recursos, pois lhe faltou quem a impulsionasse para o progresso. Há muitas favelas evidenciando deficiência na urbanização. O saneamento básico precário onera o sistema de saúde com o tratamento de moléstias fáceis de serem prevenidas.

Ainda uma vez, Jorge se propôs a trabalhar pelo bem comum, mas agora encontrará maiores dificuldades pela frente: a corrupção se avolumou e está estabelecida no seio governamental, dificultando a aplicação honesta dos recursos federais; a população cresceu desordenadamente em direção às nascentes claras e cristalinas dos rios, que agora são poluídas e provocam enfermidades...

Em síntese, o problema que ele enfrentará na presente encarnação triplicou em dimensão das dificuldades, sem considerar o excesso de candidatos que procuram os cargos públicos quase todos destituídos de objetivos nobres e altruístas.

Segundo comentário preocupado de Leonel, o futuro reencarnante lamentava a oportunidade perdida e pedia socorro aos familiares e amigos desencarnados que ficarão na retaguarda, de quem ele espera as intuições necessárias na hora das decisões importantes.

Jorge sente que não pode fraquejar uma vez mais, porque no seu lugarejo a espiritualidade reuniu em processo de reconciliação alguns devedores ao lado de credores que esperam pelo pagamento de antigas dívidas. Como nos investimentos terrenos, quanto mais o tempo passar com o saldo negativado, maior a conta a pagar no final dos tempos.

# 7.

# Mensagens do Além

Em nossa tarefa de psicografia recebemos mensagens dirigidas às pessoas que compuseram o quadro familiar dos desencarnados e que, movidos pela saudade, solicitam notícias daqueles que foram companheiros, pais, amigos, filhos ou irmãos.

Está arraigada no íntimo do ser a convicção de que a vida continua em outra dimensão do Universo; cresce, neste período ímpar que estamos atravessando, a crença na comunicação dos mortos. De fato, nunca o mundo espiritual esteve tão aberto para a leitura daqueles que permanecem encarnados, bastando que acreditem e procurem os meios adequados.

Que meio seria mais adequado do que o intercâmbio mediúnico, verdadeira porta de acesso ao mundo dos espíritos? É verdade que tal porta jamais esteve completamente fechada; é só consultar as sagradas escrituras para verificar que os mortos sempre tentaram se fazer ouvir e entender pelos encarnados.

O Antigo Testamento bíblico é rico de consultas aos mortos feitas por médiuns especiais, os oráculos e pitonisas, descomprometidos, muitas vezes, com o lado ético e moral, mas que permaneciam a postos para revelar o que viam e ouviam.

Em o *Novo Testamento* encontramos o próprio Jesus em glorioso colóquio com Elias e Moisés no Monte Tabor, revestidos todos de intensa luz! Relatam os Evangelhos as interferências espirituais negativas junto aos encarnados, ocasião em que o Mestre, com autoridade de doutrinador encaminhava os espíritos em sofrimento para sua própria esfera, enquanto libertava o obsidiado da terrível constrição.

É da natureza espiritual o poder comunicar-se; não é milagre, nem mistério. É necessário um pouco de maturidade psíquica para captar de outras mentes o que tenham a dizer, mas dia virá em que a mediunidade será fato corriqueiro. Naquela época cessarão a angústia e a depressão quando a desencarnação visitar um lar, afastando pessoas que se amam, pois ninguém mais se sentirá abandonado pelos afetos que partirem; todos terão certeza plena do reencontro.

Para enxugar as lágrimas de saudade e confortar os corações solitários, a mediunidade, sob o comando de Jesus, tem sido utilizada como instrumento útil para buscar e trazer notícias do Além, comprovando que a morte não existe de forma integral, que é apenas uma situação passageira que abre a porta para outra dimensão, tão rica que deixa surpresos os recém-chegados.

O primeiro desejo que esses irmãos manifestam é o de voltar e contar para os que ficaram que não estão mortos, que a morte não existe, e que encontraram um mundo concreto e consistente onde darão continuidade às próprias experiências evolutivas.

Ressaltam esses depoentes que nada do que ensinaram as religiões dogmáticas se confirmou; que não viram o céu, nem o inferno, nem se viram obrigados ao sono eterno. Destacam também que não foram submetidos a nenhum julgamento que não fosse o da própria consciência.

Alguns escrevem de forma superficial, para não atormentar os familiares, que conheceram regiões de muito sofrimento para onde vão espíritos que praticaram o mal, mas não se aprofundam nessa descrição que fugiria ao objetivo da mensagem confortadora.

Selecionamos pequenos trechos de mensagens recebidas, nas quais alguns irmãos que permanecem no anonimato descrevem, com jeito próprio, suas impressões do mundo que encontraram após a morte do corpo físico. Suas citações são grafadas em negrito, com fidelidade ao pensamento do autor revelado aos diferentes medianeiros.

*

Analisamos a primeira carta de Paulo a uma filha em que ele diz estar "**imensamente feliz por poder deixar o seu recado**". Afirma também que "**a vida impõe mudanças inesperadas, sendo a morte do corpo uma delas**".

Com relação à morte, ele disse ter sentido uma sensação de recomeço naquele momento, ao contrário do que imaginam algumas pessoas quando pensam em fim e em sono eterno. Salientou, ainda, "**a oportunidade de estudo, de trabalho e de levar uma vida normal**".

Paulo se referiu às mudanças encontradas quando disse: "**senti-me perdido como se tivesse mudado para um país distante, com diferentes costumes, e de início foi assustador. Com o tempo a sensação de viajante perdido e solitário passou, como passou também a sensação de solidão quando encontramos entes queridos que compartilharam conosco a existência**".

Com relação à cidade onde se encontra o Espírito, faz o seguinte comentário:

"**A cidade é limpa, moderna, as pessoas se respeitam, não há poluição.**"

"**É uma cidade normal, com comércio, restaurantes, parques, teatros, lojas, enfim tudo o que uma cidade precisa para funcionar.**"

Queremos alertar, como fez Kardec no início de seus estudos, que cada espírito que se comunica revela uma realidade condizente com o local onde habita, e salientamos que em dimensões diferentes o mundo espiritual demonstra facetas diferenciadas, próprias.

Paulo continua a revelar as características que observou em sua colônia e fala sobre a religiosidade como "**algo essencial, cada pessoa se encaminhando para a religião que mais lhe agradar, todas buscando reforçar os pontos em comum, evitando os conflitos tão frequentes na Terra. Continua a existir, neste plano,** – diz ele – **a necessidade de renovação; somos lembrados, com frequência, de nossas responsabilidades, pelos espíritos que assumiram o encargo de guias espirituais**".

*

Na sua primeira carta à esposa, Agenor, que morreu assassinado, deixa perceber o sofrimento inicial que carregou para a vida após a morte, necessitando de tratamento especializado para superar o trauma. **"Os primeiros momentos aqui foram permeados de choro, angústia e dor. Recebi passes, tratamento hospitalar e orientação psicológica; após longo período recebi alta".**

Essas afirmações confirmam que o corpo espiritual se ressentiu das agressões sofridas no corpo físico, necessitando de tratamento, que pode se prolongar por meses ou anos, dependendo da condição espiritual.

A não aceitação da agressão, o ódio, o desejo de vingança alimentado durante tempo prolongado e até a saudade dolorida podem provocar e alimentar transtornos emocionais que se refletem no organismo perispiritual, enfermando-o.

Atentemos para o que nos relatou esse irmão:

**"Não foi fácil separar-me de vocês, mas não havia como retornar; então passei a aceitar tudo o que aconteceu como algo inevitável e passei a sofrer menos e a melhorar. Aprendi a não remoer o passado, a aceitar a realidade e a seguir em frente. Aprendi que o tempo cura feridas, diminui a saudade e traz aprendizado."**

Finalizando, Agenor enfatiza que não guarda mágoas nem ódio no coração e estimula a família a fazer o mesmo para ser feliz.

*

Os elos do verdadeiro afeto não são rompidos pela desencarnação, não impedindo que a evolução do desencarnado continue progressivamente no mundo espiritual.

Alexandre, um jovem desencarnado em acidente de carro, desabafa para a mãe o seu sentimento de saudade:

**"A saudade ainda é grande em razão do imenso amor que sempre sentimos um pelo outro."**

O jovem entendeu que a vida deve continuar e que ele, cercado de amigos, contenta-se em trabalhar, estudar e ainda se divertir. Finalizando a simples cartinha, ele teceu algumas considerações:

**"Que a senhora tenha saúde, alegria na vida e amigos ao redor".**

**"Procure ser útil para a comunidade e para os carentes e verá como é bom ajudar o próximo."**

**"Procuro me espelhar na senhora em tudo o que tenho feito, pois sei que a senhora ficaria feliz em saber".**

**"Obrigado, mãe querida, mulher forte e determinada. Com amor me despeço, deixando-lhe um beijo na face e um abraço bem apertado."**

O amor filial é muito forte e confortador para a mãe que recebeu a mensagem repleta de emoção: "**você foi a melhor mãe que eu poderia ter**". Que mulher não se comoveria até às lágrimas ao ouvir isso de um filho considerado "morto"?

*

Em nosso meio referimo-nos com frequência aos efeitos benfazejos que provocam as mensagens familiares, tanto naqueles que as produzem quanto naqueles que as recebem e que têm a oportunidade de ouvir frases que ficaram inacabadas ou que nunca foram totalmente proferidas.

Nesse sentido faço referência à dona Ana, senhora octogenária que desabafou à filha em uma primeira mensagem: "**apesar de minha longa existência ao seu lado, parti com a sensação de que ainda havia algo mais para te dizer ou fazer por você**".

Vítima de Alzheimer precisou receber "**tratamento para recobrar a saúde e concatenar melhor as ideias**". Com relação à vida na colônia, ela fez as seguintes colocações:

**"Onde moramos é importante ser solidário e útil e a sociedade é mais feliz. Não há violência, hostilidade ou maus-tratos. Há trabalho, oportunidades de estudo e aprendizado constante. Há felicidade, filha!"**

Essa mãe se despede da filha falando da saudade que é grande demais e das orações que faz diariamente, pedindo proteção e saúde para a família que está encarnada.

*

Ao analisar as mensagens dirigidas aos familiares, notamos em todas elas a alegria de poder se comunicar.

"**Hoje estou aqui com o coração transbordando de felicidade pela oportunidade que me foi concedida.**" Esse é o início de uma carta que Bernardino endereçou ao filho, em que seu coração de pai transbordou de emoção: "**sinto muitas saudades, mas como agora sei que a vida continua, minha esperança se fortalece sabendo que um dia, quando Deus permitir, juntos estaremos novamente**".

O pedido de uma mensagem suscita alguns questionamentos ao desencarnado, que passa a refletir sobre a finalidade da vida: "**percebi que nossa passagem pela Terra é tão breve perante a eternidade, que precisamos aproveitá-la melhor**". Sem constrangimento, Bernardino expõe seus sentimentos ao filho, dizendo: "**hoje vim para desabafar, para dizer-lhe que o amo; se não soube demonstrar enquanto encarnado, peço perdão.**"

A Espiritualidade incentiva esse "correio" do Além que oferece ao desencarnado a oportunidade de consolidar o bom relacionamento familiar, e de enviar aos que ficaram na Terra orientações que não foram dadas, mas que se tornaram significativas quando seu olhar se ampliou após o novo entendimento.

"**Filho, aproveite a vida para fazer o bem, para refletir muito sobre suas atitudes; infelizmente temos o péssimo hábito de julgar os outros e não olhar nossos defeitos.**" Assim esse pai, preocupado com o destino do filho, encerra sua mensagem, registrando o conselho que julgou pertinente, falando de coisas que talvez não tenham sido ditas enquanto esteve encarnado.

O leitor pode questionar o porquê do surgimento dessa lucidez espiritual que desponta após o desencarne.

Poderíamos citar vários motivos, mas o principal está expresso na afirmação que outro pai (Francisco) fez à filha em uma primeira mensagem: "**o infarto foi como um susto que me fez acordar para uma outra realidade que não sabia existir**".

Quando esse Espírito se convenceu de que a vida continuava após a morte do corpo, sentiu-se motivado a estudar e a buscar respostas no Evangelho. Lembrou à filha que somos todos filhos do mesmo Pai, devendo perdoar sempre, não guardando mágoas ou rancores. Só assim a vida pode ser melhor!

*

**"Guardar no coração mágoas, ressentimentos, tristezas, desilusões e até ódio nos faz adoecer física e espiritualmente. As dores da alma desequilibram mais o espírito do que o câncer que destrói o corpo físico."**

Essas sábias referências foram feitas por Guiomar, uma mãe que alertava os filhos, em uma demonstração de que o amor ultrapassa as barreiras da morte e mantém para sempre o "**desejo de proteger e orientar os filhos, não importando o local onde estejam**".

Essa mãe preocupada com o bem-estar dos filhos fala sobre a excelência do perdão, admitindo a própria dificuldade em entender a limitação do outro e esquecer a dor que lhe tenham causado: "**não virei santa porque morri, tenho minhas imperfeições e trazemos tudo conosco, mas estou me esforçando para melhorar**".

Como reconhece outro pai (Adriano), a vida não parou com a morte do corpo físico. Ela continua exigindo "**dedicação, esforço e boa vontade constantes. Tudo progride ao nosso redor e não podemos ficar parados**" – explica ele em uma mensagem à sua filha.

Ao descrever o momento da morte ele não faz referência a um sofrimento específico. Diz que "**sentiu uma vertigem e percebeu que estava saindo do corpo físico**".

Analisemos o que foi escrito: ele, espírito, percebeu que estava saindo do corpo de carne e é o que realmente acontece: o corpo entra em falência e o espírito se afasta definitivamente para outras esferas, justificando o termo desencarne – sair da carne.

Na sequência, **Adriano relata que acordou em uma clínica do Além, onde permaneceu por alguns dias em estado de torpor, acordando e dormindo, recebendo líquidos como alimentos.** Aos poucos recuperou totalmente a consciência e ao adquirir condições saiu do hospital para inserir-se na vida da comunidade, trabalhando, estudando e buscando maior crescimento espiritual.

Maria Francisca foi outro Espírito que escreveu à família relatando que a recuperação do câncer foi muito boa, após a qual seguiu em companhia de parentes queridos. "**Foi maravilhoso** – diz ela – **reencontrar pessoas tão queridas que me recebessem tão bem em seu lar. Portanto, não foi difícil adaptar-me à nova realidade.**"

Há alguns fatores que dificultam a adaptação à nova realidade. **Dirceu,** um irmão desencarnado, **referiu-se à dificuldade de aceitar o ocorrido porque achava ter desencarnado muito cedo e julgava-se injustiçado. Havia outra dificuldade: o fato de a nova realidade ser muito concreta e semelhante à realidade terrena o deixava confuso e perturbado** – desabafou assim à esposa e irmã em uma correspondência.

Em breve tempo, porém, ele se ajustou e passou a levar a vida com trabalho, buscando adquirir novos conhecimentos, priorizando o crescimento espiritual. Admitiu que deu prosseguimento à sua vida e aconselhava a família a fazer o mesmo.

*

A vida no mundo espiritual oferece oportunidade de aquisição de conhecimentos, tanto quanto a vida no mundo terreno. Edy escreve à filha contando que fez um curso de Enfermagem para trabalhar nos pronto-socorros próximos à Terra, a fim de auxiliar pessoas que desencarnam sem ter se preparado para a continuidade da vida, porque viveram muito tempo presas ao materialismo e distantes da espiritualidade. "**Quando desencarnam e percebem que continuam vivos, muitos se desesperam e sofrem.**"

Edy, que passou pela mesma angústia provocada pelo despreparo, quer amparar e confortar os que passam pela mesma provação. Com o coração repleto de saudades, essa mãe se despediu da filha agradecendo pelas orações e demonstrações de afeto recebido durante a vida terrena.

Sobre a vida na colônia ela conclui: "**a vida aqui é muito leve, calma e prazerosa; a alegria, o amor e a paz de que Jesus fala nos Evangelhos são verdadeiros e estão presentes nos dias e noites aqui da colônia**".

Fernando, um senhor que escreve à esposa e ao filho, refere-se ao hospital como "**um lugar simples, mas muito limpo, organizado e acolhedor. É cercado por um belo jardim, onde todas as manhãs posso passear na companhia de enfermeiros**".

Fernando faz referência à saudade como um desencadeador de desequilíbrio, situação que outros irmãos também revelam até que aprendam o autocontrole.

Em todas as mensagens percebe-se a colônia como lugar de grande atividade: trabalho, estudo, moradia e local para reflexão sobre os ensinamentos de Jesus, não importando a crença religiosa de cada um.

Fernando agradece as gentilezas da esposa e pede perdão pelas vezes que a possa tê-la magoado.

*

Felipe, jovem desencarnado, escreve à mãe e à tia falando de uma saudade dolorida, difícil de controlar. Ele conta que ao desencarnar foi conduzido para um hospital, em uma ala que abrigava somente jovens com os quais criou forte laço de amizade.

No meio dessa galera jovem encontrou intensa vida social, pois eles "**cantam, tocam instrumentos e trocam experiências. Ele ficou sabendo que poderá estudar, trabalhar, ter um lar, amigos, namorada, enfim, formar uma família**".

Felipe admite que não mudou muito em seu íntimo, que tem ainda os mesmos pensamentos, sentimentos e comportamento. À mãe ele desabafa: "**sinto-me como se estivesse fazendo um intercâmbio no exterior, onde as pessoas e o lugar são outros, mas são bem parecidos com a Terra**".

Ele conforta a mãe e adverte: "**me entristeço e sinto o peito apertado quando você chora e se deprime. Por isso, se cuida mãe. Se ocupe sempre com coisas positivas. Leia *O Livro dos Espíritos* que explica porque às vezes um filho parte primeiro que os pais**".

O jovem se despede lembrando que no futuro poderão se reunir unidos pelos laços do amor.

*

No mundo espiritual está em andamento um projeto intitulado *A Paternidade Divina*, que visa congregar todos os filhos de Deus, divulgando a ideia de que Deus é Pai de todas as criaturas e que todas as religiões têm por finalidade ligar o homem ao projeto estabelecido pelo Criador.

Francisco escreveu a uma amiga um pensamento que reforça essa ideia: "**dia virá em que nos denominaremos apenas irmãos, discípulos do mesmo mestre, e nesse tempo os católicos, os evangélicos e os espíritas se confraternizarão, indiferentes às maneiras específicas de expressarem a sua fé**".

No decorrer da cartinha ele explica que, **na colônia onde residem, os moradores têm vários cultos à disposição e podem receber instrução religiosa de sacerdotes, pastores e espíritas**.

Ele se considera espírita e se relaciona no Além com um pastor protestante com quem mantém sólida amizade. Enquanto fala das obras da Codificação de Kardec – que o pastor respeita e compreende – ele recebe uma aula sobre o Antigo e o Novo Testamento bíblico.

Francisco já se comunicou com a família e abriu o coração ao falar de uma realidade que os familiares não compreendem muito bem, mas ele aguarda, esperançoso, que o entendimento de todos se abra para a nova realidade.

*

Os irmãos convidados para escrever revelam uma surpresa muito grande ao receber – por nosso intermédio – o convite dos familiares. A maior delas, dizem alguns, é constatar que a vida continua em molde semelhante ao terreno, o que além da surpresa lhes causa muita alegria. É preciso meses, em média, para que se complete a adaptação e o entendimento se estabeleça a respeito do mundo novo em que se veem inseridos.

Receber a visita de familiares desencarnados auxilia muito esse processo de conscientização, além de diminuir a saudade dos que ficaram.

Lourdes, uma senhora octogenária, em carta dirigida à filha, expressa todos esses sentimentos citados e se diz feliz "**por deixar estas linhas, por dar testemunho de que a vida continua**".

Quando o desencarnante não experimentou uma vida suficientemente longa (no seu entender), pode experimentar certa confusão quando desperta no mundo espiritual. Fica evidente que lhe faltou o devido preparo. Martinho inicia assim a cartinha direcionada a uma sobrinha, em que registra que "**precisava de mais algum tempo para as realizações pessoais**".

Esclarece ele que se sente muito bem ao transmitir a mensagem; que foi tratado dos resquícios da enfermidade em hospital da Colônia Esperança, e quando totalmente restabelecido, foi transferido para um lar que abriga companheiros em situação semelhante.

Recomendando à sobrinha que faça orações, ele se despede afirmando que "**aos poucos vai aprendendo como é morar no plano espiritual**".

*

Nelson é um exemplo de pessoa que viveu plenamente até os 90 anos e extravasa o sentimento de plenitude em carta dirigida às duas filhas: "**A vida foi longa ao lado de vocês e fui muito feliz, afinal formei uma família linda que só me deu felicidade**".

Ele enaltece a importância da família em que reinem respeito, amor e união. Lembrou às filhas que bens materiais podem causar discórdia e desunião e não podem ser levados para o outro Plano. Descreve assim a vida na sua colônia:

"**Aqui tudo é modesto, porém bonito. Não vemos lixo, sujeiras, poluição, brigas, desavenças ou coisas do tipo. Há muito respeito e auxílio mútuo, solidariedade.**"

Com espírito de gratidão, Nelson auxilia no trabalho de assistência aos recém-desencarnados. Despede-se das filhas falando de saudade e invocando as bênçãos de Deus sobre a família.

*

Odete desencarnou antes de completar os 60 anos. Sua morte foi repentina e sobre isso explica à sua irmã: "**O meu desencarne foi meio confuso, pois não sabia o que estava acontecendo; sentia o corpo físico paralisado, tentava reagir, mas não tinha energia suficiente para lutar contra o mal-estar. Passado algum tempo acordei achando que tivesse desmaiado, mas logo me informaram realmente o que tinha acontecido**".

Odete, como tantos encarnados, passou pela vida sem tomar consciência da fragilidade do corpo de carne. Por suas palavras entendemos que se trata de espírito dócil e lúcido que logo entendeu que "**somos eternos, que o que morre realmente é o corpo físico**". Ela sente a continuidade da vida quando se expressa: "**eu continuo a mesma, da mesma forma, mais leve e direcionada para Deus**".

O desencarne não altera a essência da personalidade do desencarnante, mas pode acentuar os sentimentos e tendências básicas. Com certeza, Odete era uma pessoa religiosa, que encontrou no mundo espiritual várias oportunidades de expressar a religiosidade, pois ela demonstra apego ao estudo do Evangelho e de outras obras espirituais.

Fala com lucidez sobre a vida em família: "**hoje sei o quanto é importante a família em que vivemos. Deus nos une aí na Terra para aprendermos a conviver com as diferenças, e se queremos ter uma vida de paz e harmonia, é preciso o respeito acima de tudo, mesmo com aqueles pelos quais não temos simpatia**".

*

Muitos desencarnados anseiam pela possibilidade de comunicar-se com os que ficaram no plano terreno, sejam parentes ou amigos. Rosalina, espírito que desencarnou após larga experiência no plano terreno, enviou à filha um recado repleto de alegria:

"**Enfim surgiu a oportunidade que muito esperei, de dizer a todos que estou viva e de contar um pouco sobre a minha vida. Quando cheguei aqui, foi uma surpresa só: sabia que tinha morrido, mas me sentia muito viva! Olhei ao redor e chamei uma enfermeira para conversar.**

**Em poucas palavras ela me explicou que estávamos em outra dimensão. Fiquei feliz porque o momento pior tinha passado".**

**"Logo me pus de pé e recebi visitas agradáveis que me fizeram sorrir. Quando recebi alta, fui viver com o velho companheiro numa convivência fraterna e tranquila. Saímos cedo para trabalhar porque a energia voltou como nos meus tempos de juventude. No início realizava trabalhos domésticos, mas aos poucos me preparei para o trabalho no comércio.**

**"Alimento-me muito bem, tenho horas de lazer que curto junto à criançada com quem convivo. Vamos aos parques e nos distraímos com animais de estimação. Eles brincam enquanto os adultos conversam. Temos cinema e televisão, mas cultivo o gosto pela natureza, aqui mais pura e ao alcance de todos."**

Rosalina explicou à filha que a vida continuou no mundo espiritual no ponto em que terminou no mundo terreno. Desejando que a filha fosse feliz, a mãe se despediu registrando um forte abraço e um beijo materno.

*

Vicentina escreveu para a filha que lhe causa grande alegria comunicar-se com ela. "**Só Deus** – disse ela – **para preparar encontro tão especial entre mãe e filha.**" Ela reconhece estar muito bem em uma das colônias construídas por Deus para abrigar os filhos: "[...]**embora não possa dizer que estou nos braços de Deus, como dizem quando alguém morre. Fiquei hospitalizada algum tempo e recebi tratamento e muito carinho. Recebi visita de pessoas amigas e parentes. Depois fui morar com um deles, em uma vila com casas graciosas onde sou uma hóspede. Aqui ninguém se aborrece com as visitas e já me sinto parte da família**".

A mãe se despede da filha reiterando que não morreu e que se encontra muito bem. Recomenda que ela se cuide e proteja a família. Pede que acredite no anjo protetor designado por Deus para proteger cada pessoa.

Percebe-se uma saudável preocupação das pessoas que partiram em voltar até a família para dizer que não morreram de verdade, que estão vivas, embora reconheçam a dificuldade da comunicação. Essa é a razão da alegria que sentem quando são convidadas para escrever e descrever – sucinta ou detalhadamente –, o local onde se encontram, como é o seu dia a dia, quais os seus projetos futuros, se pensam em reencarnação etc.

Alguns irmãos deixam depoimentos plenos de emoção, outros deixam extravasar a saudade, enquanto alguns, de forma sutil, se desculpam por não terem correspondido às expectativas. De maneira geral todos saem da reunião mediúnica mais aliviados e fortalecidos no ideal de percorrer um novo caminho espiritual, depois de estudos e reflexões sobre a potencialidade da alma.

Vemos a timidez do primeiro encontro transformar-se em segurança e vontade de participar da tarefa, expandindo e divulgando para amigos e familiares desencarnados os seus benefícios espirituais. Alguns ficam tão estimulados que se propõem a intuir alguns conhecidos encarnados para que procurem tarefas similares, que fortaleçam a fé na imortalidade da alma e na comunicação dos "mortos".

"**Uma pena que alguns não acreditem**" – diz Maria Francisca –, "**pois perdem a chance de sentirem todo o carinho que aqui encontramos. Nesta sala reinam o amor e a boa vontade que favorecem a comunicação. Tudo o que penso é colocado no papel pela médium, o que nos deixa maravilhados. Percebo que todos os que aqui estão para deixar as mensagens sentem exatamente a mesma coisa.**"

Maria Francisca fez uma observação precisa do ambiente reinante em uma sessão mediúnica conduzida por mentores sérios que assumiram responsabilidade diante de Jesus.

Anna, outra entidade, registrou à neta: "**como é bom estar hoje aqui nesta casa de oração, onde recebi orientação e vibrações para deixar esta cartinha**". Quando recebeu o convite para escrever, precisou ser orientada quanto ao processo, fato que acontece com todos os que desconhecem o procedimento.

Um dos benefícios de se escrever carta para a família é o resgate da memória que possa estar obstruída por enfermidade anterior e necessita de um estímulo para trazer as lembranças à tona, como relata Anna: "**muitas lembranças vieram à minha mente e posso dizer que as boas é que prevaleceram. Nossos amigos espirituais, por meio de passes, serenaram meu coração**".

A avó Anna considera importante dizer que está viva e que vive intensamente do outro lado, afirmação que pode tranquilizar a família encarnada com a certeza da continuidade da vida. Ela se refere ainda à importância dos estudos, principalmente os que conferem conhecimentos espirituais.

*

Daniel, jovem que adentrou o mundo espiritual pela porta difícil do suicídio, atendendo alguns anos depois ao chamado da namorada diz que "**não se julgava preparado para se comunicar com ela nem com outra pessoa da família**". Na sequência ponderou que "**depois da leitura preparatória da reunião, dos comentários e dos fluidos que recebi, fiquei mais disposto e considero que essa abertura me fará bem**".

Daniel admite que se soubesse rezar e acreditasse que a vida continua, não teria sucumbido ao impulso para o suicídio. Diz à namorada que o único inferno que conheceu é o de estar com a "**a alma frustrada e arrependida**". Ele ainda diz: "**estou mais aliviado, mas peço que me dê alguns anos mais para colocar as ideias em ordem antes de fazer novo pedido. É muito sofrimento ter que reviver o passado**".

O jovem agradeceu a atenção e se despediu deixando recado para a família. Ele está em tratamento contínuo desde que foi socorrido e assim permanecerá por muito tempo, até se curar das feridas físicas e emocionais.

Durante séculos os cristãos foram aterrorizados com a ameaça do tormento eterno, mas concordamos com o jovem Daniel que concluiu que o inferno pode estar dentro da alma frustrada e arrependida, mas que sempre se beneficiará da misericórdia divina. Ele receberá o tratamento que se fizer necessário para a cicatrização de suas feridas, enquanto estuda e se prepara para dar continuidade à vida. Tempo não lhe faltará e as vidas sucessivas providenciadas pelas reencarnações consertarão os erros do passado.

Recomendamos, em reuniões mensais com os interessados em mensagens, que se confortem com recados de mentores quando se tratar de suicídios recentes, considerando que esses irmãos precisam de tempo e terapia profunda para desalojar de si as causas promotoras do gesto tresloucado, acrescido ainda das inevitáveis consequências.

No corpo da mensagem, Daniel faz alusão ao desamparo que sofreu quando encarnado por não ter fé nem conhecimento espiritual que sinalizasse com algum conforto. É o que constatamos existir na sociedade terrena: um desinteresse gritante pelas coisas do espírito, enquanto fortalece o desejo da posse material e contempla a satisfação dos sentidos.

O ser humano, vivendo em uma sociedade agressiva onde um país procura apropriar-se do que, de direito, pertence ao outro, chegando ao fato das abomináveis guerras de conquista; onde patrões inconscientes usurpam direitos dos trabalhadores; onde a falta de força moral permite que as pessoas se atordoem com facilidade, somente a fé esclarecida e racional pode mostrar novos rumos ao ser humano, que está prestes a desistir e abandonar o barco da existência.

O número de suicídios aumenta na proporção do aumento da população abandonada a si mesma, que não percebe luz alguma que lhe revigore a esperança nem a crença em um Deus que tudo pode e tudo providencia em benefício dos filhos. Ressaltamos que não é a pobreza, pura e simplesmente, a causa alimentadora de suicídios; é a enfermidade mental conjugada com a desesperança e um estado depressivo permanente dos que nada veem no futuro, nem mesmo a mão paternal de Deus.

O agravo que o suicídio promove no corpo espiritual do ser humano despojado temporariamente da racionalidade exige anos prolongados de refazimento e reconstrução, avaliado caso a caso.

Para coibir tão funesto comportamento, falou-se com ênfase no sofrimento futuro – verdadeiro, porém não eterno. Hoje, com a evolução do pensamento espírita, podemos revelar com maior clareza a existência dos corpos que envolvem o espírito quando está na carne: corpo físico e perispírito com alguns desdobramentos. Enquanto o primeiro (o físico) é perecível, o segundo (o perispírito ou corpo espiritual) pode sofrer lesões gravíssimas, mas sempre acompanhará o Espírito em sua trajetória evolutiva.

O ato suicida aniquila o corpo de forma violenta e agride o corpo espiritual que sofrerá as consequências por anos ou décadas a fio, não por penalidade divina, mas por consequência do inevitável reajuste.

O socorro ao suicida tem sido feito caridosamente no mundo espiritual, sem espírito de vingança ou de descaridosa punição. Se fosse possível, tomaríamos para nós as suas dores, ajudando-os a carregar a própria cruz, mas não é assim que as Leis divinas agem no sentido da correção.

Nas próprias Leis estão inseridas as possibilidades de correção; a reencarnação é a número um pela chance que oferece de colocar o indivíduo diante da realidade que o magoou e foi por ele magoada e de reconstruir os órgãos perispirituais lesados no estado de insanidade, a fim de que possa caminhar livre para realizar-se plenamente no bem.

Educar os espíritos, falar sobre Deus e sua sabedoria, mostrar Jesus como um grande Mestre tem sido a meta seguida há séculos pelo movimento cristão e recentemente, de forma mais esclarecida, pelo movimento cristão-espírita. A salvação não vem de fora, a evolução tem início no íntimo da consciência humana que pouco a pouco se ilumina.

Suicidar-se não é simplesmente colocar um ponto final à existência pela destruição rápida do corpo de carne. É também atentar contra a saúde do corpo de forma persistente, como reconhece Osvaldo, que desencarnou com cirrose alcoólica, ao escrever para a filha: "**Tenho muita culpa registrada na consciência. Fui responsável pelo meu sofrimento e pelo sofrimento da família. Um pai de família não poderia proceder com tamanha irresponsabilidade**".

Raros são os indivíduos que levam a bom termo o planejamento reencarnatório. Muitos são os atrativos e armadilhas que desviam a atenção dos distraídos que se deixam prender ao prazer ilusório dos alcoólicos e das drogas, que pouco a pouco minam as energias e levam o organismo ao óbito bem antes do tempo previsto no prazo estabelecido.

Osvaldo adquiriu, no mundo espiritual, entendimento do quanto suas atitudes foram prejudiciais a si próprio e à família, por isso pede "**que lhe perdoem, porque somente ao sentir o perdão no coração de todos poderá adquirir alívio interior para alçar voos mais altos, crescendo como homem e como bom cristão**".

Esse irmão refere-se sutilmente ao tempo de sofrimento experimentado como **tempo de escuridão**. Tal como Daniel (o jovem que se suicidou de forma direta), Osvaldo revela o lado sombrio e doloroso do suicídio indireto, mas admite que atualmente esteja bem: "**estou recolhido em uma cidade do bem, onde os cidadãos são equilibrados e generosos e se ajudam sem fazer questionamentos**".

Ele encerra a mensagem contando que foi por conselho médico que fez todo o desabafo.

*

As pessoas que tiveram uma vida mais longa na Terra demonstram maior aceitação e serenidade quando se comunicam com os familiares. Revelam-se calmos e aconselhadores; quando se desculpam por não terem desempenhado seu papel de forma ideal fazem isso de forma leve, porque têm o espírito mais compreensivo diante das fraquezas pessoais.

Ana fala ao neto da alegria de comparecer no meio dos encarnados (referindo-se à reunião mediúnica), "**sentindo a energia vigorosa e saudável que lembra meu tempo de encarnada**".

Evoca lembranças felizes do passado em relação ao neto: "**lembro-me do seu modo de falar, de sorrir, da comida predileta... tudo é saudade, meu querido**".

Essa avó está feliz ao lado dos parentes que a precederam: "**Aqui trabalhamos, convivemos socialmente, temos momentos de lazer e formamos novos núcleos de amigos**". Despede-se fazendo considerações pessoais.

*

Brazílio, ao escrever para a esposa e filhos revela tranquila aceitação, pois entende que a morte não existe da maneira que ele supunha: "**meu corpo físico que já estava cansado das lutas foi quem morreu; meu espírito continua a caminhada em busca de melhorar a cada dia**".

Sobre o momento do desencarne ele esclarece: "**não sofri muito como pensam; fui amparado por familiares que já se encontravam no plano espiritual e assim recebi os tratamentos necessários para minha recuperação**".

Brazílio se refere sem amargura à dor da saudade e para entender melhor o que estava acontecendo buscou os estudos oferecidos pela instituição. "**Com o passar dos dias, meses e anos muito aprendi e consegui suavizar a saudade por meio da prece e do trabalho**".

Ele lembra à família que no mundo espiritual também se trabalha para que tudo transcorra em harmonia. "**Precisamos uns dos outros e servir com amor é o melhor remédio para as dores da alma**".

As pessoas quando desencarnam não se tornam santas de um momento para outro. Brazílio entendeu que "**longe disso ainda precisa melhorar muito, trabalhar o orgulho, aprender a não guardar mágoas e, principalmente não reclamar de tudo**". Ele se despede recomendando aos filhos que tenham cuidados especiais com a mãe, lembrando que "**ela fez o melhor por todos nós**".

*

A enfermidade que o recém-desencarnado leva consigo para o mundo espiritual constitui uma incógnita que muitos não entendem. Sabe-se que a enfermidade tem início no íntimo do ser encarnado, isto é, na sua alma, onde cria raízes e se exterioriza no corpo de carne expondo dolorosos quadros necessitados de tratamento.

Ao desencarnar, por via de regra, os resquícios remanescentes da enfermidade enraizada no perispírito exigem continuidade do tratamento para se conseguir a cura total. Esse fato explica a passagem dos recém-desencarnados por uma clínica onde efetuam tratamento que lhes restitui a saúde plena.

Carla, jovem desencarnada com câncer, faz um relato minucioso sobre o processo de aquisição da enfermidade, explicação que recebeu sobre o seu caso de um companheiro no mundo espiritual: "**Tive oportunidade de limpar a minha alma. As coisas aconteceram assim: era como se eu carregasse um saco de lixo onde recolhesse as minhas impurezas**

**morais, colocasse as mágoas e sentimentos pequenos, todas as coisas ruins acumuladas nesta e em outras existências, fechasse o saco que então ficaria rígido tornando-se um tumor maligno posteriormente extirpado e jogado no lixo".**

**"Foi então que fiquei limpa e fui curada, recebendo nova oportunidade de ser feliz".**

Carla confessa à cunhada: "**foi um processo doloroso, mas me sinto renascida, renovada; sei que tive essa oportunidade para me redimir e perdoar**".

Agradecendo os cuidados da amiga ela se despede reconhecida.

Carlos Alberto desencarnou com pneumonia e em carta à filha reconheceu: "**por enquanto trato-me dos pulmões que chegaram aqui ainda infectados. Estou melhorando e se Deus quiser em breve tempo estarei apto ao trabalho**". Ele é um recém-desencarnado em fase de adaptação à nova vida.

Luiz Alexandre achava que morrer era diferente! "**Pensava que não sentiria as mesmas dores e dificuldades de antes, mas não é bem assim. Levei um tempinho para entender que tinha morrido, pois achava que estava em outro hospital terreno e que os familiares viriam me buscar a qualquer hora**".

Geralda revela às filhas o grande susto que levou ao receber a notícia de que havia "morrido". "**Não conseguia acreditar, pois me sentia muito viva. Sei que dei um pouco de trabalho a esses amigos que me assistiram, mas com o decorrer do tempo fui aceitando e entendendo que não poderia mudar nada**".

A paz e a serenidade chegaram ao coração angustiado da mãe após período de estudo e preces, "**assim fui aprendendo e aceitando certas coisas que eu não entendia**". Às filhas ela deixou um excelente conselho: "**Gostaria que buscassem um pouco de entendimento sobre a vida que não se acaba no túmulo e assim valorizassem ainda mais as oportunidades de viver que possuem**".

A semelhança entre segmentos do plano espiritual com setores do mundo físico beneficia por um lado, mas pode confundir por outro.

No primeiro momento, o desencarnado que não se preparou para a desencarnação pode se apegar à ideia de estar no mundo terreno e se fixar na intenção de reencontrar a família. Nesse caso é preciso ser auxiliado a perceber as diferenças. As tarefas espíritas auxiliam nesse propósito.

Com o passar do tempo as semelhanças entre os dois planos dão segurança ao desencarnado que passa à melhor compreensão da dinâmica espiritual nos dois mundos – em ambos o espírito recebe estímulos para evoluir.

*

Rafael, jovem assassinado, escreve à mãe poucos anos depois de desencarnado, demonstrando uma postura apaziguadora quando diz:

"**Deixe para lá as mágoas, a tristeza e esse sentimento de vazio que você ainda carrega dentro de si. Venha se alegrar com seu filho, hoje mais maduro e pronto para alcançar novos objetivos.**"

Sempre fui de opinião que a juventude quando bem orientada tem muito a ensinar, até às pessoas mais idosas que não passaram por suas experiências.

Rafael estimula a mãe a esquecer o passado e recomeçar uma jornada de aprendizado: "**você aí do seu lado e eu aqui do meu, cada um com a certeza de ter feito o melhor um para o outro. Quero, junto com a senhora, virar essa página de nossas lembranças. Se ainda não somos capazes de perdoar, vamos ao menos deixar de lado tantas lembranças amargas**".

Parece surpreendente que esses conselhos partam de um espírito jovem, desalojado do corpo antes dos 30 anos. Tal maturidade evidencia o crescimento anterior do espírito, bagagem adquirida em vidas pregressas.

*

Allan Kardec define como tempo de perturbação espírita os primeiros momentos que o recém-desencarnado vive no mundo espiritual. Deixar o corpo de carne é um processo indolor que acontece após o desligamento dos cordões fluídicos que ligam o perispírito ao corpo físico. Certo atordoamento acomete o espírito e pode durar dias ou meses, dependendo da natureza do desencarne e das condições mentais do desencarnante.

Referindo-se à morte física, Jesus recomendou-nos estar preparados, porque não sabemos o dia nem a hora. O avanço da ciência dá, atualmente, uma ideia aproximada dos dias que restam a um paciente terminal, mas a exatidão de uma data ainda não foi alcançada. Restam-nos estar preparados todos os dias da nossa vida para que a transição se faça de maneira mais tranquila possível, evitando o que ocorreu com Amauri e que ele registra sucintamente à filha:

"**Hoje estou muito bem, recuperado de minha doença, mais equilibrado e fortalecido, mas dei um bom trabalho para médicos e enfermeiros daqui.**"

Norma escreve ao marido relatando que nos momentos iniciais do seu desencarne "**tudo era confuso e desconhecido**", fato que a obrigou a buscar entendimento sobre a vida que encontrou do outro lado.

"**São tantas surpresas diante do pouco conhecimento que trazemos conosco** – continua a irmã. **Imaginar que aqui há trabalho, escola, crianças, animais e até lugares para diversão saudável, é algo que não estava em meus conhecimentos.**"

Valdemar relata à neta que muitas surpresas o aguardavam após a morte do corpo físico. Vamos analisar alguns trechos de sua cartinha:

"**Confesso que fui bastante resistente e que dei bastante trabalho aos socorristas. Não queria ficar e por vezes cheguei a voltar ao plano terreno na intenção de ficar ao lado dos familiares. Somente depois de ouvir as instruções que me deram, entendi a nova situação e resolvi fincar raízes no local.**".

Ele se despede da neta incentivando-a à maior compreensão sobre a vida espiritual.

Roberto escreve para a mãe admitindo o seu total despreparo para morrer. "**Entendo que a gente não deva viver com o pensamento fixo na morte, mas poderíamos pensar nela de vez em quando; assim não levaríamos um susto muito grande nem nos assaltaria o desespero quando percebêssemos ter realizado a mudança de domicílio. Eu**

**sempre acreditei na continuidade da vida e assim mesmo me senti despreparado**".

Leivir, desencarnado em acidente de moto no auge da juventude, desabafa numa cartinha enviada à mãe:

**"De repente, mãe querida, vi-me lançado nesta nova realidade para a qual não estava preparado, e meus primeiros momentos foram terríveis, pois não aceitava o ocorrido e queria voltar a qualquer custo. Queria voltar mesmo, em carne e osso, nos meus 20 anos, com aquela força e vontade de viver ao lado de vocês.**

**"Então me ensinaram que posso voltar um dia como bebezinho, nascendo do ventre de outra mulher e isso se chama reencarnação. Também não era o que eu queria. A reencarnação existe, mas é coisa para o futuro. O que tenho de fazer agora é aceitar o ocorrido e me realizar como pessoa por aqui mesmo."**

Na sequência, Leivir fala à mãe sobre os novos projetos de vida: trabalhar, namorar, constituir uma família e estudar. "**Quando tiver que voltar quero estar modificado interiormente**", diz ele.

*

Marisa, jovem senhora desencarnada escreveu à filha: "**os dias que se seguiram à minha morte foram de dor e tristeza para meu espírito. Eu ainda tinha planos, sonhos e muita coisa que queria fazer**".

Embora tendo sido recebida por familiares desencarnados, Marisa "**não queria acreditar que havia morrido, queria voltar, seguir a vida ao lado daqueles que tanto amava. Precisou de um longo tratamento e de muita paciência de pessoas queridas para aceitar a situação**".

Se houvesse maior preparo para a vida de além-túmulo o choque teria sido menor. Haveria lágrimas de saudade que seriam enxugadas pela aceitação e entendimento, poupando sofrimento àqueles que abandonam o plano terreno. O despreparo de alguns desencarnados fazem-nos correr para o lado da família, com a qual passam a viver em estreita comunhão com os familiares dentro do lar, prejudicando e sendo prejudicados. Se houver o acréscimo do desajuste mental que torna o espírito incapaz de raciocinar com clareza, uma assistência espiritual se faz necessária. Nela, técnicos da Espiritualidade procuram esclarecer o espírito transtornado que aos poucos retoma o equilíbrio desejável.

Desencarnar não é apenas livrar-se do invólucro de carne, é liberar-se dos condicionamentos terrenos e familiares aos quais houve apego.

Maior sofrimento abalaria os espíritos nesse momento delicado do retorno à pátria espiritual se não existissem os Samaritanos do Além, irmãos abnegados que prestam socorro aos que estão se despedindo do plano terreno e batem às portas do mundo espiritual.

Espíritos mais evoluídos, os samaritanos agem em nome da caridade fraterna e não deixam ao abandono, relegados ao sofrimento, os irmãos que tenham alcançado um mínimo de discernimento e de senso moral, condição necessária para receberem o socorro.

História semelhante à de Marisa é a de Ida, jovem mãe desencarnada que relata ao filho a sua experiência:

**"No princípio não foi fácil aceitar a separação; estive rodeando o lar onde você se abrigava por um bom período. Espíritos bondosos procuravam aquietar meu coração, mas não tinha jeito: eu sempre voltava para avaliar a situação em que meu garoto se encontrava."**

Atualmente Ida reconhece que essa atitude não era a ideal, mas naquela época, sem conhecimento espiritual, "**muitas vezes me plantei ao seu lado tentando segurar a sua mão**" – revela ao filho a dura realidade.

Em casos semelhantes a Espiritualidade interfere com extrema cautela para não provocar mal maior ao psiquismo do desencarnado. Esta não é uma obsessão no sentido habitual, é o amor materno que se desequilibrou e carece de reorientação. Com paciência Ida entendeu e aceitou a nova realidade e assim se manifestou:

**"Agora entendo que tudo tem razão de ser, que nossos caminhos teriam que se separar, que seria necessário para nosso adiantamento espiritual."**

*

Quando a família está ansiosa por uma comunicação do Além e sabemos que o Espírito solicitado está impossibilitado de atender à solicitação por motivo alheio à sua vontade, utilizamos o auxílio fraterno dos irmãos de boa vontade que trabalham na equipe para transmitir notícias que acalmem os corações até que seja possível o comparecimento do espírito solicitado. Na mensagem especial que registram, é sugerido que a família utilize o recurso da prece enquanto o desencarnado recebe o tratamento necessário.

À família encarnada sempre é sugerido o tratamento espiritual que combate a depressão e fortalece o ânimo para que enfrentem possíveis dificuldades advindas do desencarne do chefe de família, de uma mãe prestimosa ou de um membro realmente querido.

A família de Aguinaldo, falecido vítima de assassinato, recebeu de um companheiro espiritual uma mensagem de conforto que dizia: "**ele está sob os cuidados amorosos dos tarefeiros de uma instituição hospitalar, recebendo tratamento adequado ao seu estado particular. Ele está bem, de acordo com o esperado para casos iguais ao seu, no entanto, ainda não é conveniente que venha até este local para enviar mensagem. A emoção do momento poderia prejudicar o seu tratamento. Continue orando por ele, desejando-lhe paz e equilíbrio**".

A esposa de Alessandro, recém-desencarnado, recebeu de um mentor palavras que esclareciam sobre o estado mental do esposo:

**"Ele está em uma de nossas clínicas recuperando-se do trauma cardíaco. Conversamos com ele e falamos do pedido de mensagem, que foi recebido no princípio com certa estranheza. Depois de alguma explicação ele se prontificou a nos visitar para ver como funciona. Faça orações por ele e o envolva com pensamentos de força e aceitação. A irmã também poderia fazer um tratamento espiritual para ajudá-la a superar as dificuldades."**

A neta da senhora Ângela, recém-desencarnada, recebeu as seguintes palavras de conforto:

**"Compareço em nome da senhora Ângela para afirmar que ela está recolhida a uma clínica, recebendo um excelente tratamento. Geralmente os recém-desencarnados precisam de tempo para o completo restabelecimento e adaptação às condições do mundo espiritual. Converse com a família; que todos acalmem a ansiedade e aguardem alguns meses quando nossa irmã virá pessoalmente transmitir o seu recado."**

Se perguntarem se há casos de recusa do solicitado em comparecer, diremos que são raríssimas as situações em que a mágoa e o ressentimento falam mais alto do que o amor. Em tais condições damos tempo ao tempo até que a pessoa aprenda o significado da palavra "perdão" e se disponha a praticá-lo, situação essa semelhante à que acontece entre encarnados, que dentro da mesma família não se comunicam nem mesmo em ocasiões especiais.

Temos dito repetidas vezes que a morte do corpo material não modifica interiormente o ser humano, que leva para a dimensão espiritual os questionamentos íntimos, os pontos de vista políticos e religiosos e, se o coração se encontrar endurecido pela traição e agressão sofridas sem que se lhe contraponha o sentimento religioso do perdão, ele pode amargurar-se durante anos projetando para si um mundo de tormento e infelicidade.

Nesse caso, a misericórdia divina pode alcançá-lo quando chega um pedido de mensagem de uma pessoa do grupo familiar, que coloca em seu caminho uma equipe socorrista capaz de retirá-lo da região de sofrimento em que se encontra; em um outro momento esse pedido funciona como um pedido de desculpa sutil da parte da família que, se um dia não demonstrou por ele apreço maior, agora se arrependeu e reconhece o seu valor.

Alguns irmãos entendem assim o recado: "**agora estão sentindo a minha falta!**" Tempos depois os sentimentos fraternos voltam a prevalecer e eles comparecem para a escrita. Os tarefeiros de Jesus sentem, então, o coração feliz por terem participado dessa reconciliação fraterna.

*

Temos ao nosso lado companheiros que chegaram relutantes para deixar um recado familiar, e tão felizes se sentiram depois que se candidataram a uma "vaga" em nossa grandiosa equipe, sempre necessitada da ajuda dos irmãos de boa vontade que se prontifiquem a doar algumas horas semanais do tempo disponível para confortar os indecisos e estimular os que estiverem inseguros do êxito da tarefa.

Estamos abertos para novas aquisições de tarefeiros e, graças a Deus, não nos têm faltado colaboradores dos mais diversos planos, cada qual aplicando os dons que lhe são próprios em benefício da tarefa, dos médiuns, dos espíritos comunicantes e das famílias envolvidas no processo.

Quando os espíritos solicitados encontram-se em situação de sofrimento, uma parcela especializada da equipe encarrega-se do trabalho socorrista, somando forças aos irmãos responsáveis pelo saneamento das extensas regiões onde imperam o desencanto, a dor e as atitudes de retaliação. Os médiuns com maior experiência assumem posição ao lado dos socorristas, fazendo o primeiro contato com os irmãos que futuramente ditarão uma mensagem.

Em uma primeira análise pode parecer que a mediunidade de psicografia reserva aos medianeiros um lado mais sutil do intercâmbio mediúnico, visto tratar-se de colóquio mental com entidades espirituais mais equilibradas e harmonizadas. Quando se faz um mergulho no âmago da tarefa tal como a descrevemos, fica claro que a mediunidade exercida com rigoroso critério é um trabalho conduzido por mentores sérios e responsáveis, cuja finalidade é a de divulgar os pressupostos espíritas pela crença na continuidade da vida e comunicação dos mortos.

# 8.

# Novas Moradias

O mundo espiritual localizado no entorno do plano físico traz semelhanças surpreendentes com regiões do plano terreno, no que se refere aos aspectos da geografia física como às manifestações das realizações humanas. Essas colônias reúnem em grupos sociais uma população mais ou menos homogênea que demonstre afinidades específicas no que tange aos conhecimentos científicos e tecnológicos, e ao grau de moralidade que permite aos moradores prosseguirem juntos a sua jornada evolutiva após a desencarnação.

Evidente que tais núcleos sejam administrados por almas de escol, ali colocadas pelos mais altos escalões da Espiritualidade, ficando para os simples moradores a continuidade dos trabalhos de manutenção da ordem, de educação e saúde, bem como o controle dos bens que poderemos denominar de produção, considerando que a vida nesses locais próximos ao plano dos encarnados se ressente de alto grau de materialidade, onde os habitantes manifestam necessidades básicas como alimentação, moradia, vestuário e outros serviços que caracterizam nossa faixa evolutiva.

É sabido que à medida que tais núcleos se afastam do plano dos encarnados mais sutis e aperfeiçoados se tornam para servirem de moradia a espíritos mais evoluídos com características diferenciadas. Estamos dando conta da existência de um "universo espiritual" que circunda o material, situação que a ciência geográfica terrena não logra registrar nem localizar, mas que os Espíritos, como força atuante que são, logram povoar e colonizar sem deixar espaços vazios, constituindo infinitas moradas da casa do Criador.

Em capítulo anterior apresentamos uma síntese dos depoimentos verdadeiros de almas recentemente libertas do corpo denso e que, de diferentes maneiras e de modo bem pessoal, fizeram relatos do estilo de vida que encontraram à disposição, e descreveram de que forma se encaixaram na sociedade que encontraram organizada e funcional.

Com esta obra revelamos um novo ângulo da vida no mundo espiritual: a construção e a ampliação de novas colônias para receber e acomodar o grande contingente humano que desencarna todos os dias das mais diferentes maneiras e deve seguir caminhos diferenciados.

Não se dará ao joio o mesmo destino que obterá o bom grão, apto a viver em planos mais organizados e construtivos. Não falamos em castigos por desvarios cometidos, mas nas consequências justas produzidas pelas ações desatinadas daqueles que não incorporaram às atitudes o senso moral que se exige dos filhos de Deus.

A distância entre uma colônia e outra não será medida pela quilometragem conhecida, mas será definida pela qualidade das vibrações próprias de cada dimensão. Lamentamos a insuficiência de vocábulos para explicar esse fato para mim bastante intrigante desde os primeiros momentos de desencarnação. Concluindo, se nós, espíritos, não nos aventuramos a explicar, os irmãos encarnados não terão como entender geografia tão singular como esta que encontrei neste novo mundo.

Com a curiosidade aguçada ao grau máximo procurava analogia entre a realidade que se desenhava à frente e aquela que deixava para trás no mundo terreno, abandonado por força da desencarnação precoce em plena juventude. Observava a composição do solo, da água e do ar, intrigado com a semelhança em determinados aspectos e com outros quesitos tão ímpares, difíceis de serem comparados aos poucos conhecimentos incorporados em meus poucos anos de vida terrena. Era preciso estudar – concluí – para aprender um pouco mais sobre o rico universo que se descortinou à minha frente.

Nos primeiros anos no Além me refugiei em cursos, pesquisas e experiências oferecidos pelos Mentores aos Espíritos que demonstrassem ânsia pelo conhecimento. Em primeiro plano estava sempre um objetivo maior: o de aprender para servir ao próximo nos moldes que Jesus propôs. Desde o princípio afeiçoei-me à causa da juventude que percebíamos, de antemão, ser alvo de sombrio ataque das sombras com a expansão da comercialização da droga.

Como a perda de tempo não é fator recomendável na Terra ou fora dela, sentia que deveria aproveitar todos os estímulos para aprender e testar novos conhecimentos, justificando e ampliando a confiança em mim depositada por grandes Emissários do Bem. Trabalhamos sempre em equipe, de modo disciplinado, coordenado por esferas superiores a fim de produzir os frutos desejados que servissem à causa de Jesus do outro lado da experiência humana.

Tão logo fui considerado apto engajei-me no projeto *A Paternidade Divina,* razão pela qual alguns leitores tivessem percebido e questionado o novo rumo que tomavam minhas atividades espirituais. Foram novos estudos, novas experiências, trabalho com novos amigos espirituais; o leque de atividades se abriu e se expandiu com relativa expressão, até atingir este momento de abertura para a fase de regeneração.

Cada um de nós, encarnado e desencarnado comprometido com a Causa, oferece o que tem de melhor no setor a que foi convocado a exercitar o seu trabalho consciente.

Pouco a pouco estamos assistindo a um período de maior entendimento entre os líderes religiosos que demonstram respeito e tolerância com práticas religiosas diferentes das suas. Os postulados científicos mais bem absorvidos estão alicerçando conteúdos doutrinários com melhores explicações, ao nível do entendimento do povo. Como Kardec previu, Ciência e Religião deixam de se antagonizar, mas se complementam nas conclusões que formulam da análise do mesmo objeto de estudo.

Vivemos em um mundo que muda com rapidez muito grande, alimentada pela presença em seu meio de espíritos luminosos que comandam o progresso e impulsionam os pequenos esforços feitos pelo homem terreno que busca a superação das próprias limitações.

Do plano em que nos encontramos vemos com mais clareza as ocorrências do dia a dia na vida dos irmãos encarnados. Dessa observação retiramos posteriores lições de sabedoria quando nos reunimos com a liderança espiritual e somos esclarecidos sobre o que acontece e o que poderá acontecer no território físico.

O entorno do mundo físico assemelha-se a um verdadeiro canteiro de obras, com muito movimento, muito questionamento e muita filosofia.

As adesões ao projeto do Criador não são atitudes inconscientes, aceitas por comodismo ou imposição, mas estão sendo criteriosamente analisadas para serem aceitas em seguida com a sua gama de responsabilidades. Homens e mulheres entendem o valor dessa adesão para a evolução da humanidade terrena que está prestes a ascender a um novo patamar. Acontece um intenso trabalho de colonização sem data determinada para terminar. A humanidade continuará o seu vaivém de reencarnações com chance de aprimorar o raciocínio e o padrão moral, enquanto no plano espiritual os trabalhadores continuarão agindo segundo modelo inaugurado por Paulo de Tarso, contribuindo para expandir o reinado da Boa Nova sobre os dois planos, material e espiritual, com a expectativa de formar o reino de paz, concórdia e progresso entre os filhos de Deus.

O plano encarnado moralizado devolverá ao plano espiritual indivíduos mais ordeiros e afeitos ao progresso. As colônias precisarão de preparo para prosseguir na rota do crescimento espiritual formando uma espiral de desenvolvimento que culminará na dimensão seguinte, crescendo sempre no sentido da semelhança ao modelo estabelecido pelo Criador: o Cristo de Deus.

Esse é o significado da proposta de Jesus quando afirmou ser o caminho, o roteiro, a trilha que não permitirá o extravio de nenhum seguidor seu. Falamos em seguidor do Cristo, de suas propostas inovadoras no cenário terreno. Em momento algum Jesus fez referência aos seguidores dessa ou daquela instituição religiosa, todas respeitáveis, porém nenhuma demonstrando capacidade de fazer a síntese perfeita dos seus ensinamentos perfeitos.

Jesus foi um homem fora do tempo terreno, dir-se-ia que veio do futuro da humanidade para demonstrar de forma inequívoca o pensamento do Pai. Tão grandiosa a sua vida mental e espiritual que, antes e depois dele, ninguém conseguiu expressar na integralidade o projeto da Divina Providência a nosso respeito.

Jesus não atua sozinho. Nos planos superiores é sabido que trabalham falanges muito numerosas e ao lado de nosso Mestre atuam Entidades Celestes tão bem preparadas quanto Ele para dar prosseguimento ao trabalho de iluminação de bilhões de almas.

O projeto da evolução de nosso planeta não é solitário, envolve bilhões de espíritos que evoluíram na luta cotidiana pela perfeição; cada um de modo próprio contribuiu para confirmar a fé de seus irmãos menores, em uma obediência clara à exortação que o Mestre dirigiu a Pedro: se me amas, apascenta o meu rebanho.

O movimento cristão alicerça-se no contato inaugurado por Jesus e mantido pelos discípulos que enfrentaram animosidades e resistências, mas pouco a pouco viram as cidades e aldeias se curvarem diante da grandeza inovadora da mensagem evangélica. Os primeiros evangelizadores foram homens e mulheres de fibra especial, preparados para grandes embates sem que perdessem a ternura inicial proposta por Jesus, que não recomendou o confronto nem o revide em caso de ofensas.

Ele foi o verdadeiro príncipe da paz, qualidade que Isaias identificou no Messias e em sua proposta de estender ao plano terreno essa característica pacífica, malgrado o estado de embrutecimento e agressividade de seus moradores. Os seguidores de Jesus haveriam de ser o sal da Terra e a luz do mundo, capazes de se constituírem na boa semente que demandaria séculos para fazer prosperar os dons recebidos no ato da criação.

Habitantes de outras esferas enriqueceriam o material genético preexistente, e a senda do progresso espiritual passou a ser percorrida com mais consciência e empolgação de forma progressiva até os dias de hoje, de relativo progresso, se considerarmos o passado.

*

Era um dia luminoso quando nossa comitiva do bem aportou na colônia que estava prestes a ser inaugurada, depois de demorado e cuidadoso preparo. O local fora escolhido de acordo com as conveniências, o solo foi preparado e aproveitados foram os recursos naturais. A paisagem natural era em quase todos os aspectos semelhante à terrena, com exceção dos estragos produzidos pelo mau uso da terra pelos terrícolas.

Essa colônia fora idealizada pelos Maiores para ser o lar de milhares de criaturas que seriam recebidas após o desencarne, depois de terminados os tratamentos em clínicas especializadas próximas da crosta. Não revelavam vínculos com outras cidades espirituais; alguns eram imigrantes que haviam deixado o local de origem e outros ainda não haviam criado raízes no mundo espiritual. Espíritos superiores pensaram em um agrupamento gentil e confortável, que serviria de pouso acolhedor a essas aves sem ninho para que dessem continuidade à vida depois da morte.

Essa cidade não abrigaria espíritos litigantes; seus moradores seriam almas pacificadas, esquecidas dos desajustes terrenos e preparadas para uma convivência ordeira, organizada sob padrões morais elevados. Juntar-se-iam ali representantes de várias etnias, em uma experiência talvez sem precedentes – judeus, muçulmanos e cristãos –, interligados pelos laços da fraternidade.

A Bíblia, o Alcorão e o Novo Testamento seriam leituras fundamentais nos cultos e nas escolas, buscando-se sempre o melhor exemplo a ser seguido no pensamento de Moisés, de Maomé e de Jesus. Teria início uma parte prática do projeto *A Paternidade Divina*. Era do entendimento de todos os envolvidos que os livros considerados sagrados devem ser roteiros que libertem e não livros de normas rígidas que aprisionam o pensamento e tiram a espontaneidade.

– Teremos que ousar! – era essa a expressão animadora que ouvíamos com frequência de nosso amigo e conselheiro Irmão José.

As mais importantes modificações no comportamento humano são testadas no mundo espiritual para em seguida, aparadas as arestas, serem introduzidas no plano terreno, onde as ideias dos encarnados são mais rígidas e cristalizadas.

Nações mais liberais quanto a condição religiosa dos habitantes, nativos ou imigrantes, haverão de se multiplicar no plano terreno. Citamos como exemplo o Brasil, terra hospitaleira que atravessa naturais dificuldades, mas procura combater o preconceito sob qualquer disfarce com que se apresente. O convívio tenderá a ser pacífico entre grupos raciais diferentes que se enriquecem culturalmente na permuta de valores; animosidades não poderão coexistir com o pensamento liberal do Evangelho. Onde houver o predomínio do amor haverá progresso material e espiritual.

Esses sentimentos são treinados e ampliados em comunidades similares a esta que descrevemos - a Colônia Esperança, nome escolhido pelo que simboliza. Os verdadeiros filhos de Deus serão mansos e pacíficos e usufruirão das riquezas espirituais que o Pai tem preparado para a numerosa prole. Basta que se lhes abram o entendimento e sejam abrandados os sentimentos ainda animalizados, fruto da herança ancestral enquanto permaneciam sob o domínio dos instintos.

É uma experiência enriquecedora para nós, espíritos, participar desde o início da construção de uma cidade no mundo espiritual. Aproveitamos tudo o que existe e só precisa de melhoramento. Importamos recursos tecnológicos de locais especializados, depois de treinar os técnicos e auxiliares. Invocamos as bênçãos de Deus sobre o novo território; fazemos magnetizações e delimitamos as áreas de acordo com suas funções. Quando a destinação é sublime o tratamento é primoroso.

No passado, conforme relatei em um de meus primeiros livros, fui um auxiliar na obra de ampliação da colônia onde morava. Naquela ocasião conheci o trabalho dos psiquistas e desejei me tornar um deles, quando fosse possível. É gratificante utilizar a força psíquica para "arejar" um ambiente, grande ou pequeno, e percebê-lo agradavelmente limpo e saudável no final. Tomamos todo o cuidado com os animais de pequeno porte que precisem ser desalojados e transferidos para outro local.

O gerenciamento dessas regiões muito semelhantes com o plano terreno é levado a sério e está em mãos de espíritos realmente evoluídos, com o senso moral direcionado ao serviço da coletividade. Pode acontecer de a população da colônia não se dar conta da realidade espiritual como o Espiritismo apregoa, mas ressaltamos que o Bem pode e deve ser praticado por todos, independentemente da religião que conheçam.

O campo científico mais evoluído abre a possibilidade de maiores acertos no que diz respeito à economia, à educação e à busca da saúde para todos. O entendimento é maior e a vida fica mais confortável quando se entende que o bem-estar da coletividade é a meta final da nossa existência. Com essa percepção é preparada uma infraestrutura de primeira linha; não há região pantanosa que não seja drenada; as redes de abastecimento de água, energia e escoamento de detritos são subterrâneas e observadas periodicamente.

As condições naturais são semelhantes, mas o homem que as manipula faz a diferença. Futuramente o plano terreno receberá melhorias em forma de cuidados com o meio ambiente, com os animais selvagens e domésticos e respeitará o ser humano como o rei da criação, criado à semelhança divina no que diz respeito ao espírito imortal.

A Colônia Esperança abrigará moradores de crença espiritual marcante, sem fanatismo, sem afirmações esdrúxulas que abrem as portas do paraíso para alguns enquanto as fecham para os que participam de ideologia diferente.

É uma experiência que tende a ter êxito porque os líderes se respeitarão e conduzirão os adeptos à confraternização social, indiferentes às desigualdades que podem remanescer dos costumes terrenos. Indumentárias que revelem usos de judeus e muçulmanos estarão expostas nas mesmas vitrines, assim como livros que aprofundem conceitos do Cristianismo, Judaísmo e Islamismo serão vendidos nas mesmas livrarias.

Seguindo orientação superior, não existirão escolas confessionais, mas o ensino religioso será ministrado em forma de conhecimentos gerais sobre a história da civilização hebreia, da cultura islâmica e do Cristianismo. O culto religioso propriamente dito existirá livremente nos templos sem interferência política como acontece em alguns países terrenos. Política e religião não imporão interferência recíproca. No campo científico prevalecerão os conteúdos da ciência liberados de preconceitos religiosos. A moral do Estado se fundamentará na moral cristã, conhecida e aceita por todos, judeus e muçulmanos. O amor, aos poucos, se expandirá e se imporá na alma dos habitantes.

Temos que considerar a acolhida de novos moradores. No caso de judeus ortodoxos e muçulmanos, entendemos que antes de serem introduzidos em tão harmônica coletividade eles terão de se preparar em núcleo próximo e serão avaliados quanto ao comportamento e aceitação de nova proposta de vida. Pessoas muito personalistas não poderão conviver ao lado dos seres mais pacíficos que abriram mão do orgulho de raça e costumes tribais.

A Colônia Esperança é um experimento social que comprovará a possibilidade de entendimento e convivência pacífica entre diferentes culturas, que no plano terreno têm se notabilizado por conflitos e agressões.

O segmento cristão, esperamos, seja o mais cordato e que se coloque com tranquilidade nos arranjos da colônia. Preconceitos remanescentes da vida terrena serão combatidos com a proposta evangélica que católicos, espíritas, evangélicos e outros grupos devem conhecer. Tomamos, mais uma vez, o exemplo de nosso país que acolhe e mantém em relativa harmonia pessoas de diferentes etnias e credos religiosos. Não havendo privilégios, apostamos em uma convivência fraterna e feliz.

*

Trazemos para a reflexão dos leitores a história de uma família que se formou na Colônia Esperança, a partir da união amorosa de uma formosa jovem judia com um rapaz de origem islâmica, situação difícil de ocorrer no solo planetário preso rigidamente às diferenças históricas e culturais.

Tamires e Samir conheceram-se na faculdade de Biologia que cursavam após ter terminado os estudos correspondentes ao ensino médio. Ambos levaram para o mundo espiritual a insatisfação de terem vivido uma curta experiência terrena, pois que a morte do corpo os atingiu no início da puberdade.

No mundo espiritual foram recebidos e confortados por parentes, encontrando-se no apogeu da juventude sequiosos por uma vida familiar. Foi nesse clima psicológico que se encontraram e uma força interior os inclinou para uma amizade sincera, que prenunciava um amor sereno e profundo.

O afeto entre ambos não causou estranheza aos membros das famílias. Traziam na memória os conflitos terrenos que causaram dor e sofrimento e quando conversavam a respeito o chefe do clã judeu dizia com ar de tristonha resignação: já sofremos muito por essas divergências, agora consideramos enterrado o passado.

Pelo lado muçulmano o sentimento de desencanto também promoveu profundas modificações. A última pessoa a desencarnar na família era um jovem de pouco mais de 20 anos, saudável do corpo, inteligente e com futuro promissor, que se deixou contaminar pelo vírus do ódio e preconceito e ofereceu o corpo como uma bomba viva para destruir as hostes que considerava inimigas do Islã. O fato ocorrera há muitos anos, mas a ferida aberta na alma dos familiares ainda sangrava.

Hussein, o chefe dessa desventurada família, escondia uma lágrima quando alguém, inadvertidamente, tocava no assunto.

– Não entendo o que aconteceu ao nosso jovem – observava. – Não foi criado para oferecer a vida em sacrifício sem sentido. Não sei em que momento ele perdeu o rumo e esqueceu os ensinamentos de Alá. Uma lição tiraremos desse funesto acontecimento: guerras, conflitos, nunca mais!

Nesse clima de bom entendimento, Tamires e Samir assentaram as bases do novo lar. As culturas judaica e islâmica seriam respeitadas em seus fundamentos essenciais.

O grupo religioso cristão-espírita, sob orientação de veneráveis irmãos, observava com especial atenção esse casal heterogêneo na aparência. Dizemos na aparência porque percebemos que em essência Tamires e Samir são espíritos afins, afeitos ao bem que cada um interpreta sob paradigmas próprios de suas culturas.

Como aceitamos que Deus é o fim para o qual converge a humanidade, entendemos que no seio do Pai existirá abrigo para os filhos de Abraão tanto quanto para os seguidores de Maomé. Estendendo um pouco mais essa reflexão chegaremos à presença vigorosa de Jesus no plano terreno; veremos que o Mestre transitou entre as culturas reinantes, espalhando novos conceitos de vida aos romanos, gregos, egípcios, fenícios, mesopotâmios... A todos o Mestre convidou para o festim das bodas; a todos Ele dirigiu a parábola do bom samaritano; em todos os corações Ele desejou depositar a semente da Boa-Nova na esperança de que a seu tempo florescesse e produzisse muitos frutos.

Todas as criaturas têm em Deus a sua origem e tendem para Ele, por diferentes caminhos que sejam, mas todos eles convergirão para o seio de Abraão (segundo a crença judaica), para o seio de Alá (segundo o pensamento islâmico) e para os braços de Jesus, em cumprimento à Sua promessa: “Eu sou o caminho, a verdade e a vida”.

As religiões são caminhos que indicam forma de vida superior capaz de resgatar o indivíduo dos resquícios da animalidade original, que foi interpretada como um “pecado original”, quando se considera o termo pecado como uma lacuna, uma falha existente na alma humana. O espírito estagiou no reino inferior da criação em forma de princípio inteligente, enquanto adquiria experiência e capacidade para evoluir; não se tratou de uma falha preexistente, mas do percurso evolutivo traçado pelo Criador.

A maravilhosa doutrina exposta a Kardec está clareando conceitos cristãos que de certa forma careciam de maior detalhamento e aguardavam o desenvolvimento da ciência na qual pudessem se fundamentar. A promessa de Jesus à humanidade demorou tempo suficiente para ser exposta à razão humana mais objetiva e esclarecida que servirá de alicerce para a fé racional.

A revelação divina sempre terá como fundamento a fé, mas esta deve sair do patamar estreito da cegueira e ingenuidade para adentrar o território propício à comprovação científica. A alma humana está evoluindo, compreendendo por que evolui e quais os benefícios da evolução. Não se trata de negar a Deus nenhum de seus atributos, mas de compreendê-los com maior precisão e amplitude.

Kardec foi um cristão convicto e em sua obra magistral *O Livro dos Espíritos*, questão de número 625, deixou registrada a resposta dos Espíritos Superiores que corrobora o caráter cristão da doutrina dos espíritos ao afirmar que o Espírito mais perfeito que Deus ofereceu à humanidade para servir de modelo e guia é Jesus.

Essa obra tem início com uma série de questões sobre Deus e as características que conseguimos perceber da Divindade. Destaca-se, inicialmente, a colocação da unicidade de Deus, em oposição à ideia da trindade explicada no meio cristão por intrincada explanação teológica.

A doutrina Espírita ressalta a humanidade de Jesus, espírito que atingiu a perfeição por mérito pessoal e foi enviado pelo Pai para encaminhar a humanidade terrena de que se tornou tutor perante Deus.

Jesus honrou sua condição de Mestre, tarefa que exerceu de bom grado desde que recebeu tal incumbência. Ele nos trouxe os recados do Pai e, por participar de nossa humanidade, facilitou o nosso aprendizado, colocando-se em nosso meio como o Pastor que conhece as ovelhas que lhe foram confiadas.

Aceitamos que ouvir Jesus é ouvir o próprio Pai, seguir Jesus é caminhar em direção ao Pai movido pelo espírito de Deus, espírito de sabedoria, de fortaleza, de entendimento e de paz.

*

Voltamos nossa atenção para Ahmed, o jovem que se desequilibrou no passado dentro da cultura islâmica. Seus valores pessoais prezavam a vida e a crença em Alá (Deus); conceitos políticos interesseiros desvirtuam certas passagens do Alcorão – livro sagrado do Islamismo – e induzem pessoas imaturas a atitudes extremas de vingança com promessas de prêmios espirituais.

O desvirtuamento de textos considerados sagrados, tais como a Bíblia judaica, o Alcorão muçulmano e os Evangelhos cristãos constituem uma armadilha das forças espirituais negativas que conspiram contra a evolução espiritual do homem terreno. No comando dessas forças encontram-se opositores ferrenhos do Cristo. É uma oposição milenar, que os diferentes credos identificam na figura dos gênios do mal ou demônios, sob diferentes entendimentos, mas na essência a compreensão é a mesma: são entidades inteligentes desprovidas de senso moral, voltadas para interesses imediatistas de poder e controle.

A Doutrina Espírita explica que só Deus é santo e poderoso e que no final dos tempos todas as criaturas reverenciarão o Criador e de bom grado se submeterão a Ele.

Fascinado pela força mental do seu grupo, Ahmed participou de uma ação suicida e teve o corpo destroçado em uma ação de vingança. Era ainda muito jovem, recém-saído da adolescência; com a alma em frangalhos foi recolhido a uma instituição hospitalar mantida por conterrâneos no mundo espiritual, provando que também sabem amar e socorrer.

O corpo espiritual sofreu lesões profundas; somente anos de tratamento, enxertos e assistência psicológica poderiam melhorar a condição mental e espiritual do rapaz.

Como Kardec constatou em suas obras, um grande sofrimento do suicida é a decepção por não ver concretizado o que desejou; neste caso específico ele não recebeu as vantagens celestes "prometidas" a quem oferecer a vida em sacrifício. Pelo contrário, Ahmed encontrou dores lancinantes e um enorme vazio existencial.

Desiludido, estava apto a rever seus valores. Teria de voltar à luta terrena para refazer o corpo destroçado e somente após algumas tentativas pôde levar a bom termo a gestação de um corpo razoavelmente funcional. A força do espírito preservou a sanidade mental levemente danificada.

Na primeira encarnação, foi uma criança deficiente dada a sobressaltos e pesadelos que tiravam o sono dos aflitos pais, pessoas que o ajudaram a se comprometer no passado e então, por imposição da Lei Divina, ajudá-lo-iam a se recuperar.

Sua vida terrena foi bem curta na primeira tentativa. Os comprometimentos orgânicos levaram-no ao desencarne antes dos 18 anos. Na esfera espiritual dava continuidade aos tratamentos e os êxitos tornaram-se maiores. Aos poucos conseguiu total mobilidade nas pernas e ajuste do sistema nervoso central.

Passaram-se mais de 30 anos. Ahmed poderia voltar ao cenário terreno, no território onde colocou fim à existência e entraria em contato com o mesmo grupo de pessoas que o induziram ao suicídio. Somente depois de provar sua resistência íntima faria o retorno ao mundo espiritual preparado para conviver com os antigos familiares, quase todos moradores da Colônia Esperança.

*

Entre exclamações de espanto e alegria, Ahmed foi recebido pelos familiares que há tempos residiam na Colônia Esperança, em convivência pacífica e construtiva com todos, independentemente da origem racial. Em verdade os espíritos não têm sexo nem raça da forma como entendemos, mas carregam consigo uma bagagem singular, dependendo das vivências e dos valores assimilados.

Para Ahmed foi uma surpresa observar o modo como judeus e muçulmanos interagiam, sem a mínima preocupação com a origem dos parceiros que se entregavam ao trabalho na indústria, no comércio, na produção do artesanato em que cada grupo exibia seus talentos. Por todos os lados notava-se o bom relacionamento e a liberdade religiosa que começava dentro de cada um com o entendimento da paternidade divina.

As mesquitas, as sinagogas e os templos cristãos ficavam repletos de seres fervorosos que louvavam o Senhor por meio de rituais diferenciados, sem fazer cobranças nem imposições aos demais. Era comum notar no meio de uma plateia predominantemente cristã pessoas que revelavam origem árabe ou judaica comportando-se com interesse e respeito.

A curiosidade pode ser um passo para aproximar as pessoas. Sendo acolhidas com a devida consideração, pode surgir o interesse pelo modo de pensar do companheiro, para como último passo aderir aos usos e costumes que julgarem enriquecedores, sem que tenham que abandonar a crença que abraçaram.

Dentro do segmento cristão há pessoas que acreditam que a desencarnação desvela todos os mistérios da pós-morte e que ao desencarnar as pessoas se despojam de todas as crenças e valores que cultivavam no plano terreno. Não é assim; os mistérios continuam, os cristãos-católicos se prendem aos dogmas que cultivavam, ao lado dos que se dizem evangélicos e espíritas que também carecem de explicações ou confirmações.

Evangélicos fazem perguntas sobre o sono reparador até a ressurreição da carne. Espíritas, em muitos casos, estranham o fato de conviverem lado a lado com praticantes de outros credos que desconheciam ou não aceitavam teses defendidas pelo Espiritismo.

Consultando nosso mentor e conselheiro Irmão José, recebemos vários esclarecimentos:

– Vai demorar algum tempo para que as mentes se esclareçam a respeito das ocorrências no mundo espiritual. O intercâmbio mediúnico ajudará nesse sentido. As Vozes do Além precisam se manifestar fazendo relatos substanciosos sobre o que fazem, pensam e veem no mundo que encontram, a exemplo do que fez o companheiro nos primeiros anos de desencarnado. Seu livro *O Mundo Que eu Encontrei* é uma preciosidade que não foi totalmente explorada e compreendida!

– É importante continuar batendo nessa tecla, Irmão José?

– Nessa e em outras mais, companheiro. As mentes estão mais abertas e as pessoas mais curiosas e preparadas para um bom entendimento. A Espiritualidade anseia pela divulgação dos pensamentos de João Paulo no meio cristão encarnado e desencarnado, esperando que o carisma dele leve à compreensão e aceitação das verdades que até hoje ficaram embutidas nos preceitos da Igreja, carentes de maiores explicações.

– Explicações que ele não forneceu enquanto papa!

– Por certo, Luiz Sérgio, seu espírito iluminado pressentia que não era chegado o momento. Aguardemos um pouco mais para compreender a nova rota que a cristandade haverá de trilhar.

– Estamos prevendo a unificação do pensamento religioso, irmão José? Em que termos se daria?

– Temos trabalhado, meu filho, para que a cristandade que representa significativa parcela da humanidade terrena seja como o fermento que, devagar e sempre, vá levedando toda a massa, impondo as características que Jesus desejou. O Mestre também sugeriu que seus seguidores agissem como o sal da Terra, higienizando e mantendo o equilíbrio de forças necessário ao progresso. Os cristãos receberam de Jesus uma incumbência muito grande e essa responsabilidade só aumenta, à medida que cresce o desenvolvimento mental e espiritual.

– Podemos deduzir que o pensamento de Jesus é a mola de sustentação que impulsiona a coletividade terrena desde os seus primórdios?

– Por Cristo, com Cristo e em Cristo foram feitas todas as coisas e sem Ele nada foi feito de tudo o que foi criado. O pensamento divino reflete-se com pureza e precisão no pensamento crístico desde todo o sempre, influenciando o raciocínio de povos e crenças que devem evoluir e se aproximar do pensamento de Jesus. Todos os espíritos encarnados e desencarnados estão sob a tutela de Jesus e da falange crística, representantes que são do Pai criador diante das criaturas.

– Entendemos que a intenção de Jesus não teria sido a de formar um grupo seleto e isolado de iniciados a quem revelasse os mistérios do Pai, em detrimento da maioria que levaria séculos para absorver a essência dos seus ensinos?

– Realmente, meu amigo. Ele lançou a semente em numerosas almas e mandou que fossem e produzissem frutos; assim nos fez participantes de sua missão redentora. Milhares de anos se passaram desde que a humanidade "desceu das árvores" para conquistar o cenário terreno, produzindo e expandindo a civilização. Esse processo, ressalvadas as proporções, ainda acontece no planeta que nos abriga e nos propicia influenciar uns aos outros. Pela Lei da Reencarnação as sementes colhidas em um continente são transplantadas para outro e assim, lenta e gradualmente, o pensamento do Cristo se espalha sob as mais variadas aparências e o progresso se estabelece ao longo do tempo!

– Parece que os líderes das grandes religiões estão entendendo que não existe favoritismo divino no domínio da fé; então, porque não abrem mão de vez de exigir prerrogativas e direitos que utilizam em seu favor?

– Porque é difícil, meu filho, abrir mão daquilo que nos enaltece e nos coloca acima do vulgo. As religiões juntaram grande patrimônio material de que não querem abrir mão; aquelas que se sujeitam ao domínio político julgam ter razões para defender seus pressupostos espirituais e o que se observa em certos rincões do planeta é de estarrecer os verdadeiros fiéis.

– Foi providencial para a Igreja Romana, como símbolo religioso que representa, ser despojada dos extensos territórios que possuía?

– Entendo que sim e vejo aí a mão condutora do Cristo que alertou os discípulos a não levarem bolsa nem alforje, sobrevivendo do salário justo. Uma grande fortuna exige tempo e discernimento para ser bem administrada.

– Hoje não compreendemos melhor a necessidade do dinheiro?

– Sim, agora os tempos mudaram; cresceu a população, aumentou o número de órfãos e indigentes. Não se pode mais alimentá-los com poucos pães e alguns peixes. A inteligência do homem evoluiu, ele é capaz de multiplicar recursos financeiros, mas precisa ficar atento para não se deixar levar pela ganância. O sistema bancário é cruel para com os pobres desprovidos de recursos e de fiadores; somente o sentimento cristão do amor ao próximo pode aproximar o homem do verdadeiro sentido do Evangelho.

*

Quando nosso mentor se afastou para dar prosseguimento aos numerosos afazeres, foi minha vez de refletir sobre a necessidade de colocar o Cristo em nossas vidas. Sem Ele nada somos, como está escrito no Evangelho; ainda estaríamos galgando os primeiros degraus da evolução, sem saber qual o caminho a seguir, presos às imposições do instinto que nos mantém a vida, mas que não ajuda na ascensão espiritual.

Precisamos de um mestre, da maneira como a planta necessita do sol para fazer a síntese dos nutrientes.

O Pai de bondade enviou vários auxiliares, mas deixou para o fim o melhor deles, o mais sábio e poderoso que se fez carne e veio habitar entre nós. Nosso trabalho desde então é de referendar o que Ele disse, explicitar, "trocar em miúdos", ajustando à forma de viver de cada cultura, providenciando para que não perca o sentido real.

Nós, os desencarnados que honramos Jesus Cristo, empunhamos sua bandeira e pregamos sua palavra em todos os ambientes. Se no plano terreno existem os continentes diferenciados, aqui trabalhamos com diferenças vibratórias e com irmãos que têm maneiras próprias de entendimento ou total falta dele. Formamos equipes socorristas que percorrem regiões de pouca luz à procura dos infelizes que gemem indefesos sob o domínio dos maus, procuramos conscientizá-los e retirá-los da sombra, tarefa que nos gratifica e aborrece os líderes sequiosos por mantê-los na servidão.

Em diferentes comunidades utilizamos de metodologia pedagógica diferenciada; nossa equipe cresce com a adesão de novos trabalhadores sob a coordenação de líderes mais bem preparados em todos os campos do conhecimento científico. A religião que devemos professar é a do amor sem reservas, fundamentado no exemplo de Jesus.

*

Para um diálogo fraterno esclarecedor procurei um irmão bastante esclarecido dentro da linhagem islâmica, que gentilmente aceitou nosso convite e respondeu algumas perguntas.

– Amigo Hammed, como o senhor analisa as ações do projeto *Paternidade Divina*?

– Com bons olhos, meu amigo, e um sincero desejo que sua implantação se torne uma realidade no mundo terreno como é no mundo espiritual.

– O senhor considera que o terreno está sendo bem preparado para o lançamento de algumas sementes?

– Luiz Sérgio, temos que considerar a ideologia política que comanda o ideal religioso em terras do Oriente. O Alcorão, por si mesmo, não inviabilizaria a união de forças espirituais. O seu sentido profundo é também evangélico, mesmo que não exalte o nome de Jesus da forma como os cristãos o fazem. Onde os interesses políticos prevalecem, ficam em segundo plano os interesses do espírito, digo essencialmente espiritual, porque coexiste ao lado das práticas que honram Alá uma grande repulsa por tudo que vem do Ocidente e lembra o poder político e econômico do capitalismo.

– Seria mais fácil se religião e política estivessem...

– Separadas, Luiz Sérgio, atuando cada uma com seu objeto próprio, fazendo como Jesus sugeriu: dando a Deus o que é de Deus e a César o que é de César. Todo o desvirtuamento do Alcorão que acontece no plano terreno se assenta em uma interpretação desvirtuada que atende aos interesses de dominação e de conquista. Alá nunca sugeriu guerras de conquista ou vingança, sempre pregou a misericórdia e se mostrou compassivo diante das fraquezas humanas.

– Nos últimos anos terrenos tem havido uma confusa interpretação dos dogmas islâmicos, colocando em evidência o quanto o ser humano desconhece as propostas de Alá (Deus) para a salvação das almas. Você concorda amigo?

Hammed mostrou-se pensativo deixando transparecer em seu rosto quase angelical o quanto essa situação o aborrecia. Depois de alguns segundos respondeu:

– Apesar das evidentes dificuldades, a Comunidade Muçulmana do Espaço tem certeza de que está havendo uma abertura – pequena ainda, mas que ficará maior com as adesões que estarão chegando. Os últimos papas cristãos têm se referido com respeito e carinho fraterno ao Islã. De nossa parte, os espíritos muçulmanos estão circulando entre vocês com extrema alegria, usufruindo de amizade inédita e enriquecedora para ambas as partes, pois temos muito que aprender entre nós, em comunidades em que o profano e o religioso se respeitam, mas não se impõem um sobre o outro.

– Estamos felizes em participar dessa confraternização espiritual, Hammed. Deus é pai da humanidade terrena e apesar das diferenças de cultura devemos sentir que somos irmãos.

Ressalto que estamos nos entendendo muito bem, cristãos, judeus, muçulmanos, budistas e representantes de outras religiões. Em nosso meio tem havido compreensão e respeito; procurando cultivar a humildade, não assumimos propositalmente a liderança.

Nosso relacionamento com líderes religiosos tem sido permanente nesta fase de congraçamento espiritual. Em reuniões agendadas estudamos pontos comuns de nossas crenças e aos poucos constatamos que a figura generosa de Jesus tem ampla aceitação em todos os redutos não cristãos. Nosso mestre não pregou a violência nem a admitiu em forma de vingança, deixando eternizado um exemplo de vida para todas as culturas do mundo atual.

Passamos por algum constrangimento ouvindo críticas ao comportamento cristão através dos séculos quando, à semelhança dos gentios, os homens que se diziam seguidores do Crucificado armaram-se para guerras de conquista e de retaliação, ferindo de morte irmãos que não comungavam das mesmas ideias.

Aceitamos com humildade a realidade histórica com o desejo de passá-la a limpo. Comprovamos, com sentido pesar, que fomos nós os chamados cristãos que desfiguramos a imagem do Cristo, humilde e pacificador, que veio ao plano terreno para abrir os olhos da humanidade inteira para a realidade espiritual e só exigiu que fôssemos fiéis aos seus ensinamentos, não retirando dos conteúdos expostos acento algum que fosse para não confundir os nossos irmãos.

Foi Ele que disse: “àquele que for fiel no pouco lhe será dado muito mais”. Em nosso pequeno entendimento imaginamos quão distante desta situação crítica em que vivemos poderíamos estar, se estivéssemos com as mãos firmes no cajado de pastor, conduzindo o rebanho do Cristo pelas veredas sólidas do autoconhecimento e da pacificação interior.

Falhamos muito no passado distante, concordam nossos mentores, assim como falharam outras equipes religiosas na condução de seus fiéis, reconhecem alguns líderes no presente. Uma confissão de culpa improdutiva não nos interessa neste momento. Esquecendo as falhas humanas podemos unir forças no que temos de comum e positivo, lançando uma árdua campanha de conscientização do homem para Deus dentro dos parâmetros de cada cultura.

No estágio de desenvolvimento em que estamos, contentemo-nos com a aceitação da diversidade dos ritos de adoração e atitudes de louvor que abastecem o interior do ser humano com virtudes que propiciem um relacionamento justo e fraterno. Se não podemos formar ainda a grande nação dos filhos de Deus, formemos pequenas ilhas nas quais o nome do Pai seja glorificado pelas ações benevolentes dos filhos.

*

A Colônia Esperança é um modelo do que consideramos um oásis de paz e progresso em meio à diversidade cultural. Há propostas de se formar comunidades semelhantes em outras regiões do astral, preparando os espíritos para reencarnações mais pacíficas em futuro não tão distante, o que confirmaria a tese de que o progresso adquirido no mundo espiritual se refletiria no material e vice-versa, até o dia em que as populações terrena e espiritual se igualem e se confundam no grau de evolução moral.

# 9.

# Esforço Concentrado

Os amigos de Jesus realizam um esforço concentrado nos últimos tempos para dar um retoque à obra inacabada, em nome do Mestre. Os verdadeiros amigos se revelam pela dedicação integral e pelo levantar-se rápido das quedas provocadas pela fragilidade humana.

Esse era o teor da palestra que era proferida em dimensão superior, em que emissários do Alto reflexionavam sobre a ação apostólica nos tempos modernos, tendo, como plateia, ouvintes atentos movidos pela intenção de aprender e de servir. O aprendizado é permanente nas regiões superiores e não se perde ocasião de permutar informações para que a luz jamais se extinga, mas se faça resplandecer entre todos os seres de boa vontade.

Sentados no grandioso auditório, com capacidade para milhares de ouvintes, estavam irmãos que escondiam o próprio brilho, o qual não desejavam que transparecesse. Após milhares de anos, a humanidade oferecia, naquele recinto, pequena mostra do nível de maturidade atingida pela presença de alguns que foram profetas, missionários, sacerdotes, cientistas, filósofos, homens e mulheres de bem, exibindo uma túnica espiritual reluzente, permutando energia santificada de maneira quase inconsciente.

Todos tinham liberdade para se expressar e como coordenador maior do evento estava nosso amigo João Paulo, que se identificava com a indumentária papal.

"Amigos e amigas - começou ele - estamos reunidos nesta noite especial para tecer um comentário sobre os novos rumos que a Igreja está inaugurando nos dias atuais. Estamos deixando para trás a perplexidade diante dos fatos que motivaram uma surpreendente renúncia ao cargo de dirigente supremo da Igreja Romana".

"Vemos atualmente um dirigente dinâmico, decidido, muito bem envolvido pelas falanges angélicas que conduzem o Cristianismo, partir em busca do elemento jovem que abastecerá de boa energia o rebanho do Cristo. Vêmo-lo também priorizar o que é espiritual colocando em segundo plano todo apelo ao que é material e atende aos interesses de Mamon. Observamos o irmão e o percebemos em sintonia plena com os apelos evangélicos, bem ao molde franciscano, tentando reconduzir a Igreja para a pureza dos primeiros séculos, quando a palavra de Jesus ainda se fazia ouvir com mais clareza e vigor. Sua memória espiritual está sendo aberta gradativamente e com mais força ele se lembrará, em espírito, dos votos da juventude, e buscará na oração a força e o equilíbrio das emoções."

"Os irmãos aqui presentes não desconhecem nossos esforços no sentido de preservar a fé e a fidelidade dos que com ele convivem mais proximamente, e dividem o penoso dever de governar, esclarecer e coibir as ações danosas ao sagrado ministério. A pureza do primeiro momento do Cristianismo por certo foi contaminada pela aspereza dos séculos e a fraqueza dos homens que sucumbiram aos seus instintos, embora Jesus sempre se tenha feito presente na figura de mensageiros do bem que não foram considerados nem compreendidos, permitindo que adereços fossem anexados à doutrina simples do Mestre, que se fundamentava na simplicidade do amor."

"Para amar era preciso nos despojar e esse despojamento feria nossos interesses menores de posse, de poder político e de prestígio social. Muitas quedas sofremos e para nos levantar foi preciso o braço forte da dor."

"Hoje, irmãos, por certo estamos no lugar que conquistamos, colhendo os frutos da sementeira descuidada e negligente que fizemos. Somos como os fariseus que Jesus criticou no Evangelho, que não entravam no reino dos céus nem permitiam que outros entrassem. Temos que expiar as nossas culpas; nossas mazelas expostas ao público estão revelando o quanto nos comprometemos diante da Lei."

"Não divulgamos o Evangelho como Jesus recomendou. Não permanecemos unidos ao tronco da videira e por consequência nos tornamos ramos ressequidos, incapazes de abrigar irmãos menos esclarecidos e mais sofridos. Hoje temos que erguer nossa voz e percebemos que ela está desacreditada, que não tem mais o timbre agradável e acolhedor da palavra do Mestre."

"Todos nós temos que melhorar! Somos filhos do Deus Altíssimo e irmão de Jesus Cristo, nosso mestre e senhor. Respeitamos todos os líderes religiosos e aceitamos que todas as religiões abrem caminhos para Deus. Se nos despirmos de preconceitos veremos que todas as crenças contribuem de modo próprio para maior entendimento da realidade espiritual, cabendo ao Espiritismo a revelação mais aprimorada e detalhada sobre as múltiplas moradas que o Pai criou, para agasalhar os filhos nos diferentes graus de evolução por que forem passando".

"Nesta obra detalhamos algumas dessas moradas, mas centenas de outras ainda existem que são para nós desconhecidas, pois faltam-nos tempo e oportunidade para aprofundamento no Universo criado por Deus. Em nosso novo entendimento queremos compartilhar com os irmãos encarnados essa realidade que assombra a maioria, provocando medo que leva à negação e por vezes à alienação total pelos interesses espirituais."

Vez por outra o amigo João Paulo interrompia a eloquente explanação e olhava a atenta assembleia como a verificar se acompanhava o seu raciocínio. Tranquilo quanto a essa parte continuou:

"Esperamos tempo suficiente pela maturidade espiritual dos irmãos que se demoram na carne. É certo que obedecíamos a orientações superiores que nos mostrariam o momento e o modo de agir. Estamos na hora certa para agir com firmeza e clareza. Uma parcela considerável dos irmãos terrenos está pronta para entender os pressupostos espíritas e incorporá-los às suas crenças, visto que não precisam deixar de lado a religião que professam. Budistas, hinduístas, muçulmanos e com mais facilidade os católicos e evangélicos poderão incorporar os ensinamentos que fluem do Alto desde o século XIX, depois da análise criteriosa e da síntese feita pelos seus líderes e responsáveis."

"Nada há que nos impeça de abraçar os sentimentos de misericórdia, compaixão e tolerância pregados pelas diferentes religiões. Todo sentimento bom vem do Alto – disse o Apóstolo. Todo dom perfeito emana de Deus, logo, toda a parte boa das religiões pode ser considerada revelação divina."

"Entendemos assim e repassamos esse entendimento aos fiéis encarnados, de forma que o sentimento exaltado de posse da verdade única fique mais arrefecido no plano terreno e mais ainda se arrefeça nos anos subsequentes para deixar florescer o sentimento fraterno inaugurado por Jesus. O Mestre nos escolheu para que, seguindo-O, produzíssemos frutos de vida eterna, com a condição de permanecermos unidos a Ele, como os ramos da videira se ligam ao tronco e se nutrem da seiva abençoada. O chamado foi feito para todos, não houve exclusivismos; Ele não criou um grupo de privilegiados a quem fizesse revelações e concessões, seu chamado foi universal. Todos os textos sagrados convergiram para o Cristo e nele atingiram a culminância da sabedoria e do amor."

Nesse ponto percebemos que a alocução havia terminado e João Paulo se colocava à disposição para responder a possíveis questionamentos.

– Papa – inquiriu um sacerdote católico – como ficará a situação de nossa Igreja frente às modificações que estamos prevendo? Qual será sua base de sustentação quando todas as crenças forem igualmente consideradas e respeitadas?

– Não tenhamos preocupação desse nível, meu irmão – respondeu o sábio amigo expondo seu belo sorriso. – Nesse dia a fraternidade estará imperando e a solicitude entre os religiosos nos terá tornado um grupo forte e unido. Quando não mais estivermos preocupados com divisões será o momento da soma e da multiplicação.

– Amigo João Paulo – perguntou uma Entidade que se revelava pertencente ao Judaísmo –, a sua veste papal não funciona como referência ao cargo máximo da Igreja?

– Tive oportunidade de dar explicações em uma obra que lançaremos. Cargos e posições terrenos não importam aqui deste outro lado da existência, mas ainda preciso me identificar como o pastor diante das ovelhas. Tenho muito que dizer que não pôde ser explicado prematuramente.

– O senhor não está visando ao prestígio do cargo?

– Por certo que não. Só me interessa a identificação que portarei comigo por muito tempo ainda, enquanto for útil à tarefa que desempenhamos. Muitos irmãos confiarão no sacerdote, no pastor, assim como no lama, no sheik e no rabino. Trazem do plano terreno muitos condicionamentos que não serão erradicados em pouco tempo e não vemos mal algum nesse comportamento. A presença feminina com seu hábito religioso pode inspirar confiança quando se trata de tarefa socorrista e de esclarecimento. Somos testemunha de ocorrências que nos emocionaram!

– Ocorrências desse tipo – foi minha vez de participar do diálogo – lembram que a morte do corpo não despoja o ser humano de suas características pessoais. O irmão poderia explorar um pouco mais esse tema para enriquecimento de nossos leitores?

– Com satisfação, Luiz Sérgio, lembrando que boas obras espirituais são editadas entre nós. O aprendizado humano não pode sofrer rupturas. Quem o iniciou procura dar continuidade e quem desconhece as noções mais rudimentares necessita de um bom embasamento para a situação presente e as vidas futuras. Existem, no meio desencarnado, irmãos que não admitem a ideia das vidas sucessivas!

– Principalmente os que se dizem católicos e evangélicos – completei.

– Sim, e é nosso dever orientá-los agora para evitar que reencarnem na mais completa ignorância e se privem dos benefícios que esse conhecimento lhes traria.

– Pela minha experiência percebo que insistem na negação porque não querem "dar a mão à palmatória"; acham que a ideia vem do Espiritismo, por isso, não querem aceitá-la.

– Infelizmente alguns pensam assim, daí a minha insistência em me apresentar como católico e pregar essas verdades que não são propriedades do Espiritismo, mas fazem parte das leis divinas estabelecidas para toda a humanidade.

# Informações Adicionais ao Livro *Novas Colônias Espirituais*

Neste pequeno texto repassaremos algumas considerações tendo o cuidado de citar a fonte para que todos, se assim o desejarem, possam complementar os entendimentos.

Em *Obreiros da Vida Eterna, André Luiz/Chico Xavier,* capítulo XIII, é narrado o serviço de liberação da alma de Dimas, em três etapas: a) O centro vegetativo ligado ao ventre; b) O centro emocional sediado no tórax; c) O centro mental, mais importante, sediado no cérebro.

Foram administradas energias magnéticas sobre o plexo solar desatando laços que localizavam forças físicas. Certa posição de substância leitosa extravasava do umbigo pairando em torno. (nós grifamos)

Jerônimo operou sobre determinado ponto do coração – nova cota de substância desprendia-se do corpo, do epigastro à garganta... (grifamos)

O Assistente estabeleceu reduzido tempo de descanso, mas voltou a intervir no cérebro. Era a última etapa. [...] brilhante chama violeta-dourada desligou-se da região craniana, absorvendo, instantaneamente, a vasta porção de substância leitosa já exteriorizada [...] A chama mencionada transformou-se em maravilhosa cabeça, em tudo idêntica à do nosso amigo em desencarnação, constituindo-se após ela todo o corpo perispiritual de Dimas, membro a membro, traço a traço.

À medida que o novo organismo ressurgia ao nosso olhar, a luz violeta-dourada, fulgurante no cérebro, empalidecia gradualmente até desaparecer...

A genitora abandonou o corpo grosseiro, rapidamente, e recolheu a nova forma, envolvendo-a em túnica de tecido muito branco, que trazia consigo.

*

No capítulo XIII de Missionários da Luz – André Luiz/Chico Xavier, "Reencarnação", encontramos uma pergunta "de André Luiz":

– Mas o organismo perispirítico de Segismundo não é o mesmo que ele trouxe da Crosta, ao desencarnar pela última vez?

– Sim – concordou o orientador – tem a mesma identidade essencial: todavia, com o curso do tempo, em vista de nova alimentação e novos hábitos em meio muito diverso, incorporou determinados elementos de nossos círculos de vida, dos quais é necessário que se desfaça a fim de poder penetrar, com êxito, a corrente da vida carnal. [...] salientando-se que nesta noite faremos a parte restante do serviço, mobilizando em seu auxílio nossos recursos magnéticos.)

– Oh! – disse eu. – Não teremos aqui um fato semelhante à morte física na Crosta?

Alexandre sorriu e aquiesceu:

– Sem dúvida, desde que consideremos a morte do corpo carnal como simples abandono de envoltórios atômicos terrestres...

*

No capítulo VII de *Imagens do Além*, livro de Heigorina Cunha/Espírito Lucius, dissertando sobre o restringimento (do corpo espiritual) encontramos uma explicação recebida de Chico Xavier.

Quando apresentamos ao nosso Chico Xavier o desenho do restringimento ele nos disse:

– Heigorina, é isto mesmo o Restringimento. O processo é mais lento tratando-se de reencarnação compulsória. Nessa categoria de espírito leva mais de ano para completar o restringimento.

Assim que se inicia a fase do sono letárgico o corpo espiritual vai se despojando da matéria grosseira, ficando o perispírito sutil, sem lhe trazer prejuízo algum. Por exemplo, "a cobra que deixa a casca".

Olhando-nos com uma pausa acrescentou depois: esse despojo grosseiro é enterrado em lugar próprio, em um Cemitério.

*

Em *Os Mensageiros*, André Luiz/Chico Xavier, capítulo XX "Defesas Contra o Mal", André Luiz visita uma fortaleza que revelava complexo aparelhamento defensivo, inclusive armas. Ele ficou surpreso com o aparato defensivo, mas Alfredo explicou que era preciso defender o Posto contra o ataque de entidades perversas e criminosas.

[...] – Mas apenas assustam? – tornei a interrogar.

– Poderiam causar a impressão de morte.

– Que diz? – exclamei com insofreável espanto.

– Meu amigo! Se já não estamos na carne, busquemos desencarnar também os nossos pensamentos. [...] Nossos projéteis expulsam os inimigos do bem por meio de vibrações do medo, mas poderiam causar a ilusão da morte, atuando sobre o corpo denso dos nossos semelhantes menos adiantados no caminho da vida. A morte física na Terra não é igualmente pura impressão? Ninguém desaparece. O fenômeno é apenas de invisibilidade ou, por vezes, de ausência.

*

Fizemos um apanhado ligeiro dos pensamentos expressos nas obras de André Luiz. Admitimos que não pode haver generalizações em se tratando de mundo espiritual, conforme alertou Kardec. As colônias também revelam diferenciações entre si, de acordo com o nível evolutivo dos moradores.

Conforme pensamento expresso por Irmão José, o Espiritismo está adequando as revelações à capacidade de compreensão e entendimento da população terrena, que está com os olhos mais abertos e a mente mais esclarecida.

Assim, com um pequeno esforço de entendimento, podemos apreender melhor os pressupostos da maravilhosa Doutrina que Kardec codificou e o empenho missionário de Chico Xavier que a divulgou a contento.

Abraço fraterno.
Luiz Sérgio – 12/11/2013